dumont taschenbücher

Johann N. Schmidt, geboren 1945 in München, studierte Anglistik, Romanistik und Germanistik in München und Swansea. Universitätslektor in Southampton. 1974 Promotion. 1983 Habilitation. Seit 1983 Professor am Seminar für Englische Sprache und Kultur an der Universität Hamburg. Buchveröffentlichungen zu Swift und Pope, Dickens und zum viktorianischen Melodrama. Zeitschriften- und Rundfunkbeiträge zum Hollywood-Film.

Johann N. Schmidt

Wolken-Kratzer

Ästhetik und Konstruktion

DuMont Buchverlag Köln

Umschlagabbildung: RepublicBank, Houston. Philip Johnson
Frontispiz: Hochhausfront in Houston, Texas

Den amerikanischen Freunden
mit Dank für ihre Unterstützung

CIP-Titelaufnahme der Deutschen Bibliothek

Schmidt, Johann N.:
Wolken-Kratzer: Ästhetik und
Konstruktion / Johann, N. Schmidt. –
Orig.-Ausg. – Köln : DuMont, 1991
   (DuMont-Taschenbücher; 256)
   ISBN 3-7701-2260-7
NE: GT

Erstveröffentlichung
© 1991 DuMont Buchverlag, Köln
Alle Rechte vorbehalten
Satz und Druck: Rasch, Bramsche
Buchbinderische Verarbeitung: Bramscher Buchbinder Betriebe

Printed in Germany   ISBN 3-7701-2260-7

Inhalt

Der Wolkenkratzer zwischen Kultur und Ökonomie

Zur Geschichte des Wolkenkratzers

Leg mich auf einen Amboß, o Gott. Schlag mich und hämmere mich in einen Stahlbolzen. Treibe mich ein in die Eisenträger, die einen Wolkenkratzer zusammenhalten. Nimm glühende Niete und befestige mich an den Verstrebungen. Laß mich der große Nagel sein, der einen Wolkenkratzer durch blaue Nächte bis zu den weißen Sternen festhält.

Carl Sandberg, »Prayers of Steel« (1918)

Kein ehrlicher Architekt, wo immer auf dieser Welt, kann uns mit Gewißheit sagen, was diese Gebäude unserer Umwelt antun... Alles, was wir sicher wissen, ist, daß diese empörenden Angriffe auf unsere Stadtlandschaften nur aus einem Grund gestartet werden: um maximalen Profit für eine Handvoll hergelaufener Spekulanten zu erzeugen, die die Oberfläche der Erde als ihr privates Gehege betrachten.

Peter Blake, »Form Follows Fiasco« (1977)

Laßt die Zyniker und hypersensible Seelen über den amerikanischen Materialismus und die Maschinenkultur sagen, was sie wollen. Unter der Oberfläche befinden sich Poesie, Mystik und Inspiration, wie sie das *Empire State Building* symbolisiert. In diesem gigantischen Schaft sehe ich ein Streben nach Schönheit und spiritueller Vision. Ich gehöre zu jenen, die sehen und dennoch glauben.

Die blinde Helen Keller

Die Wolkenkratzerfassade ist nicht ethisch, schön oder dauerhaft. Sie ist eine kommerzielle Leistung, eine bloße Zweckdienlichkeit. Kein höheres Ideal hält sie zusammen als der geschäftliche Erfolg.

Frank Lloyd Wright (1929)

Der Wolkenkratzer zwischen Kultur und Ökonomie

Faszination und Ablehnung

Mehr als alle anderen Konstruktionstypen der modernen Architektur hat der Wolkenkratzer in seiner gut einhundertjährigen Geschichte immer wieder enthusiastisches Erstaunen, aber auch heftige Ablehnung hervorgerufen. Den einen gilt er als triumphales Symbol urbaner Größe, als eine einmalige Verschwisterung von Technik und Ästhetik, und die anderen verdammen ihn als lebensfeindliche Ausgeburt eines ausschließlich ökonomisch motivierten Imponiergehabes.

Die Heftigkeit des Für und Wider ist den Bauten als immanente Folge ihrer Mehrdeutigkeit bereits eingezeichnet. Abhängig von der jeweils eingenommenen Perspektive verkörpern sie Habgier oder das Streben nach dem Unendlichen, Größenwahn oder nüchternen Pragmatismus, architektonische Phantasielosigkeit oder verräumlichte Poesie. Sie sind entweder »orwellhaft« oder »olympisch« (Ada Louise Huxtable, zit. in Friedman 1988, S. 28), gemäß dem jeweiligen emotionalen Verhältnis, das man zu ihnen entwickelt. Dem interesselosen Blick des ästhetisch empfänglichen Betrachters mögen Wolkenkratzer als isolierte Skulpturen erscheinen, die wie Riesenplastiken umkreist und visuell »ertastet« werden können. Dem, der die Wünschbarkeit von architektonischen Megastrukturen insgesamt in Frage stellt, bedeuten sie nicht mehr als überdimensionierte »Raumhüllen für Immobilienmakler« (Goldberger 1984, S. 55), »hochgetürmte Kassenmagneten« (Huxtable 1986, S. 123) und »Maschinen zum Geldverdienen« (Arthur Drexler), deren profitorientierte Massierung die Zentren unserer Großstädte immer unwohnlicher macht. Mediziner und Sozialpsychologen warnen davor, daß Wolkenkratzer durch ihre einschüchternde Autorität auf die Menschen deprimierend wirken und Gefühle der Anonymität und der Bedeutungslosigkeit auslösen können. Andere wiederum schreiben ihnen einen hohen Grad von Identifikationsmöglichkeiten zu, da sie eine Stadt sinnbildhaft repräsentieren und prestigeträchtige Arbeitsplätze bereitstellen.

Die ambivalente Haltung, die auch viele Städteplaner, Architekturkritiker und Kulturhistoriker dem Wolkenkratzer gegenüber entwickeln, ist Ausdruck der höchst unterschiedlichen, oft auch widerstreitenden Emotionen, die dieser Gebäudetypus in uns auslöst. Er definiert sich geradezu aus einer Reihe von Paradoxien, die seine innere Logik bestimmen. Wenn der Wolkenkratzer die Phantasie bewegt, so wegen seiner maßstabsprengenden Größe, die andererseits fast unlösbare Probleme für die städtische Infrastruktur aufgibt. Wenn er in Dimensionen reicht, die die »normalen« Grenzen der Höhenerfahrung übersteigen, dann ist dies die Folge eines banal irdischen Materialismus, der in den Bauwerken eine superlativische Selbstbestätigung sucht. Und wenn manche Gebäude in ihrer ausladenden, himmelstrebenden Gebärde auch eine Aura von Spiritualität und poetischer Würde verbreiten (Abb. 1), so nur deshalb, weil sich die unbezähmbare Egomanie von Bauherren und Architekten keinerlei Fesseln anlegen ließ.

Wolkenkratzer können also wie ein Text auf unterschiedliche Weisen »gelesen« werden, wobei fast jeder Aspekt auch auf einen gegensätzlichen verweist. Diese Paradoxie scheint nicht zuletzt darin zu gründen, daß eine moderne, auf den ersten Blick kühle bis abweisende, ganz am Nutzwert orientierte Technologie doch zugleich auch romantische Impulse auslöst.

Schon früh wurden Wolkenkratzer als »Naturwunder« gepriesen: Eine Reihe zackiger Bergketten umsäumen tiefe Canyons und bilden aus der Ferne eine steinerne Szenographie. So wie in diesem Bild die Herrschaft der Technik über die Natur versinnbildlicht erscheint, so vermögen auch die futuristischen High-Tech-Strukturen Gefühle zu wecken, wie sie ansonsten erhabene Landschaften oder phantasmagorische Traumgebilde wachrufen. Wenn in Merian C. Coopers und Ernest B. Schoedsacks Film »King Kong und die weiße Frau«, 1933) der Gorilla auf der Spitze des *Empire State Build-*

1   Transco Building, Houston

ing von Flugzeugen attackiert und getötet wird (Abb. 2), scheint die »böse« Zivilisationstechnik über den »guten Wilden« zu triumphieren. Diese an sich schlüssige Lesart verschweigt aber, daß sich King Kong an den Wolkenkratzer klammert wie an den Stamm eines Urwaldbaumes oder einen Totempfahl, der ihn aus der tödlichen Reichweite seiner menschlichen Gegner bringen soll. Dies ist ein Beleg für die doppelte Codierung des Wolkenkratzers, die Natur und Technologie, Utopie und Zerstörungspotential auf täuschende Weise vereint.

Architektur ist mehr als die »physische Realität« (Bonta 1979, S. 14) von Einzelbauten, die sich allenfalls in eine Konstruktions- und Stilgeschichte einbinden lassen. Selbst wenn sie – wie beim Bürohochhaus – auf eng begrenzte Benutzungsfunktionen hin angelegt ist, besitzt sie auch eine »kulturelle Realität«, die eine Projektionsfläche für unterschiedliche Deutungen, Sichtweisen und emotionale Reaktionen abgibt. Die Bauten müssen keine explizite »Aussage« oder »Mitteilung« machen, sie haben einfach nur zu »funktionieren«; und doch stiften sie symbolische Orientierungen und entwikkeln eine stark konturierte Identität, die sich aus der Wechselbeziehung zwischen ihnen und ihrem urbanen Kontext ergeben.

Am sinnfälligsten wird das an der Skyline, die die Wolkenkratzer zu einem geschlossenen System von Zeichen zusammenfaßt. Wer etwa William Pereiras *Transamerica Building* in San Francisco aus der Nähe betrachtet, wird womöglich zu keinem besonders schmeichelhaften Urteil über ihr architektonisches Gelingen kommen. Die klobigen Stützpfeiler an der Basis lassen jeden Sinn für subtile Proportionen vermissen, und die monströsen Fensterreihen bilden eine einfallslose Rasterfassade. Die einstmals heftigen Proteste gegen dieses Monstrum werden nur allzu verständlich, da hier ein Denkmal entstanden ist, das einzig sich selbst zu repräsentieren scheint und reichlich verloren an der Schnittstelle zwischen Chinatown und dem Financial Center steht. Nur einige hundert Meter entfernt aber bietet sich dem Betrachter bereits ein anderes Bild: Wird die Pyramide zusammen mit dem 1907 entstandenen, elegant gerundeten *Columbus Tower* gesehen, entsteht ein »Dialog« zwischen zwei Gebäuden (Farbtaf. 16), die in ihrer jeweils zeitgenössischen Mischung aus

2 Szenenfoto aus dem Film »King Kong und die weiße Frau«, 1933

Tradition und unkonventioneller Morphologie etwas sehr Typisches für San Francisco aussagen. Von den weiter entfernten Hügeln wiederum wird der schlanke Umriß der Pyramide zum unverwechselbaren Signet, das – ähnlich der Golden Gate Bridge – eine ganze Stadt und ihr Lebensgefühl bezeichnet: Das Bauwerk steht nun für Eigenwilligkeit, Anmut, gar Spiritualität. Die konkrete, physische Realität eines gar nicht so gelungenen Bauwerks ist zu einem kulturellen Sinnbild geworden.

Das Beispiel deutet an, daß Wolkenkratzer in ihrer Vielzahl von Funktions- und Bedeutungsaspekten auch sehr unterschiedlichen Beschreibungsformen offenstehen: dem nüchternen Konstruktionsbericht ebenso wie der historisch versierten Stilkunde, der aktuellen Architekturkritik ebenso wie der distanzierten kulturkritischen Analyse. Wenn gerade in den letzten Jahrzehnten die öffentliche

Diskussion um neu geplante oder vom Abriß bedrohte Bauten erfreulich zugenommen hat, so daß Kontroversen wie jene um Philip Johnsons *AT&T Building* sogar bis zum Titelblatt von »TIME« vordrangen, so hat dies mit dem geschärften Bewußtsein von Architektur als einer ständig sichtbaren Präsenz zu tun. Sie kann den Charakter eines ganzen Viertels zerstören, wie dies beispielsweise der 1963 auf den *Central Terminal* aufgesetzte Turm von *PanAm* mit seinem rautenförmigen Grundriß getan hat: Der gesamte Maßstab des Bezirks um die 45th Street war mit dieser bemerkenswert anonymen Arbeit von Walter Gropius und Pietre Belluschi plötzlich gesprengt.

Die banale Feststellung, daß ein Wolkenkratzer kaum übersehen werden kann (Abb. 3), birgt eine Konsequenz, die Frank Lloyd Wright einmal so umschrieb: »Ärzte können ihre Fehler vertuschen, Architekten können es nicht.« (Zit. in Blake 1977, S. 149) Was Wright hier »Fehler« nennt, geht über technische Fehlplanungen oder ästhetische Mißgriffe weit hinaus. Oft genug bezeichnen sie ein mangelndes Vermögen, die komplex-widersprüchlichen Anforderungen bei der Konzeption eines Bauwerks zu einer halbwegs geglückten Synthese zu vereinen. Man hat Architektur zu Recht »die Kunst, in der wir leben« genannt, was bereits eine enge Vermittlung von Form, Konstruktion und Funktion voraussetzt. Neben die Kriterien von »Kunst« und »sozialer Lebenssphäre« tritt beim Wolkenkratzer, noch stärker als bei anderen Bautypen, das Diktat von Profitinteressen, die erst die ›raison d'être‹ einer extrem vervielfachten Nutzung von Mietraum von der Basis bis zur Spitze bilden. Freilich beeinflußt das Verwertungsinteresse auch das Firmenimage eines Bauwerks; dies gilt im Hinblick auf seine formale Unverwechselbarkeit, soll aber auch das »Wohlbefinden« derer sichern, die in seinem Environment leben und arbeiten.

Als weiteres, oft vernachlässigtes Kriterium der Beurteilung von Wolkenkratzern muß die Stadtplanung angeführt werden, die bis etwa 1900 in den USA überwiegend von Einzelpersonen und Stif-

3   Triumph der Einfallslosigkeit:
    General Motors Building, New York ▷

tungen gefördert wurde. Das hat sich zwar insofern geändert, als kommunale und staatliche Instanzen die Logistik der Verteilung und der Höhennutzung innerstädtischen Bodens zu beeinflussen suchen, doch bleibt auch hier das Hauptaugenmerk auf die singuläre Lösung, das heißt auf den Einzelbau, beschränkt. Und so gibt es heutzutage nicht wenige Stimmen, die alle Chancen für eine planvolle Entwicklung urbaner Strukturen längst verspielt sehen, weil unter dem Primat des Ökonomischen keine Rücksicht auf den städtebaulichen Kontext genommen wurde und noch immer nicht genommen wird.

Nun hat es in der Vergangenheit keinesfalls an visionären Konzeptionen gefehlt, die durch erhöhte Verkehrsterrassen (»elevated walkways«), mehretagige Brücken, Dachgärten, Passagierdecks und integrierte Transportsysteme – bis hin zu Anlegestellen beziehungsweise »Hangars« für Ballons und Luftschiffe an den Turmspitzen eine dem technologischen Standard der Bauten angemessene Infrastruktur zu schaffen suchten. Allerdings beschäftigten solch futuristische Stadtbilder eher den künstlerischen Illustrator, der seiner Phantasie freien Lauf lassen konnte (Abb. 4). Integrative Konzepte sind dagegen die Ausnahme geblieben; am eindrucksvollsten scheinen sie im *Rockefeller Center* und der *Battery Park City* im Süden Manhattans verwirklicht.

Für manche Kritiker des Wolkenkratzers ist angesichts des überdimensionierten Maßstabs, den die Gebäude in das Stadtbild einführen, die Zerstörung humaner Lebensformen bereits von vorneherein vorgezeichnet; eine sinnvolle Ökologie des sozialen Lebens sei unter solchen Voraussetzungen undenkbar. Andere Stimmen verweisen in diesem sehr grundsätzlichen Streit auf das unstillbare Bedürfnis des Menschen, über seine eigenen Größenverhältnisse hinauszuwachsen und sich mit Objekten des ehrfurchtvollen Staunens zu umgeben. Selbst die Forderung, man müsse sich in Bauwerken »wohlfühlen«, findet nicht nur Anhänger: Entstanden nicht gerade dort, wo sich sozialethische Erwägungen in die Architektur einmischten, jene berüchtigten Rasterbauten eines verordneten Glücks? Wo wiederum allzu leichtfertig dem Wunsch nach »Wohnlichkeit« nachgegeben wurde, entwickelten Wolkenkratzer die falsche Gemütlichkeit von zinnenbestückten Spielzeugburgen. Vielleicht ist die ideale

4   Harry M. Pettit: »King's Dream of New York«, 1908/09

Stadt gerade die unvollkommene Stadt, in der so »unmögliche« Bauten wie fünfzigstöckige Gotiktürme und achteckige Glasbehälter jenes Gefühl von Irrationalität und Anarchie vermitteln, das uns den geordneten Verhältnissen von Proportion, Maß und Logik auf erregende Weise entfremdet.

Freilich gibt es durchaus faßbare Kriterien dafür, warum ein Wolkenkratzer unser Gespür für ein Zusammenwirken von Konstruktion, Form und Funktion verletzt. Er mag ein ästhetisch ansprechendes Schaustück sein, jedoch zu einer kläglichen Verarmung des Straßenzugs beitragen, sofern sich eine Eingangsfront der lebendigen Außenwelt verschließt. Der Erbauer mag mit dem stolz propagierten »öffentlichen Raum« einer Piazza sein soziales Gewissen beweisen, doch hat er vielleicht nur eine von unzähligen betonierten Windfallen geschaffen. Eine Architektur, die emphatisch ihre soziale Verantwortung herausstreicht und jeglichen Effekt der Selbstdarstellung dem Prinzip praktischer Gebrauchsfertigkeit unterordnet, droht das Bedürfnis ihrer Benutzer nach Form, Spiel und Farbe zu ignorieren. Schließlich mag ein Wolkenkratzer auch als kulturelles Aussagemodell versagen, weil seine Bildhaftigkeit keinerlei Spannung erzeugt – denn die entsteht meist dann, wenn Traditionsbewußtsein und visionäre Gestaltungskraft sich aneinander reiben.

Raymond Hood, der Architekt des *Chicago Tribune Tower* und des *RCA Building,* hat in Kenntnis all dieser Faktoren für seinen Berufsstand einen Idealkatalog von Eigenschaften aufgestellt:

»Der Architekt von ästhetisch annehmbaren Gebäuden muß einen analytischen und logischen Verstand besitzen; er muß alle Elemente eines Gebäudes, ihren Zweck und ihre Funktion kennen; er muß eine lebhafte Phantasie besitzen, und es muß ihm ein kultivierter Sinn für Form, Proportion, Harmonie und Farbe zu eigen sein; er muß einen schöpferischen Geist besitzen, der das Wagnis, die Unabhängigkeit, die Entschlußfreudigkeit und den Mut nicht scheut; und außerdem muß er ein großes Maß an Menschenkenntnis und Common Sense besitzen.« (Zit. in Koolhaas 1978, S. 145)

Hood benennt hier indirekt die vielfachen Zwänge und Anforderungen, denen sich Planer wie Erbauer von Wolkenkratzern zu stellen haben. Weil sein idealer Architekt letztlich aber eher ein Fabelwesen ist, wird die Wolkenkratzerarchitektur nur in den seltensten Fällen auf allgemeine Zustimmung treffen und immer wieder unterschiedliche Meinungen, ja erbitterte Kontroversen auslösen. Der Grund dafür ist ebenso banal wie einleuchtend: Obwohl die wenigsten Wolkenkratzer mit öffentlichen Mitteln gebaut wurden, handelt es sich doch um hochgradig »öffentliche Bauten«. Ihr Grad an Repräsentanz wird nur selten von anderen Gebäuden – ob Rathaus, Kirche oder Monument – übertroffen. Die Konfrontation mit solch gigantischen Konstruktionen ruft zwangsläufig eine emotionale Reaktion hervor. Selbst Großstädter, die von sich behaupten, sie würden Wolkenkratzer gar nicht mehr wahrnehmen, weil es ohnehin schwierig sei, sie aus der Nähe zu betrachten, ohne sich den Hals zu verrenken, kommen früher oder später auf die unverwechselbare Silhouette der Skyline, auf die vielen störenden Baustellen oder die jüngst in der »New York Times« erschienene Architekturkritik zurück. Es gibt kein Entrinnen vor derlei Megabauten und erst recht kein Ausweichen vor dem Urteil über sie. In ihrem Nebeneinander von mythischer Präsenz und ökonomischem Kalkül, vor atavistischer Drohgebärde und unangreifbar glattem High-Tech rufen Wolkenkratzer widerstreitende Gefühle hervor, die oft dicht beieinander liegen. Man müßte blind sein, wollte man sich ihrem Faszinosum verschließen. Es würde aber ebenso von Blindheit zeugen, würde man nicht auch die von ihnen geschaffenen Probleme und Beeinträchtigungen menschlicher Lebensqualität sehen. Wolkenkratzer stehen für das wachsende Auseinanderklaffen zwischen all dem, was heutzutage an technischen Errungenschaften möglich und was an sozialer Akzeptanz vertretbar ist.

»Ein Produkt menschlicher Gier«: Kommerz und städtische Infrastruktur

Wolkenkratzer sind in hohem Maße Inszenierungen und Selbstdarstellungen wirtschaftlicher Potenz. Jeder neuartige kühne Entwurf dient als Blickfang, um Initiativkraft und Risikobereitschaft des Bauherrn visuell zu verkünden. Ein extrem hoher Anteil der Nut-

zungsfläche – man rechnet bis zu 90 Prozent – ist in den Hochbauten der USA den Kapitalgesellschaften, Banken, Versicherungen, Maklern, Anwälten, Werbeagenturen und Medienkonzernen vorbehalten. Die staatlichen Repräsentationsbauten weisen eine »klassische« Horizontalität nach griechisch-römischem Vorbild auf; bezeichnenderweise verbietet es ein Gesetz, daß in Washington höher als 150 Fuß (48 Meter) gebaut und das Capitol von anderen Bauwerken übertrumpft wird.

Wolkenkratzer, die nicht für private Büroräume genutzt werden, lassen sich in einigen wenigen Kategorien zusammenfassen. Mit dem New Yorker *UN Secretariat Building,* dem *State of Illinois Center* (Abb. 5) und dem *Civic Center* in Chicago, den Rathäusern in New York, Los Angeles und Philadelphia sowie Michael Graves' *Portland Public Services Building* dürfte die Anzahl der im Hochhausstil errichteten Verwaltungsgebäude von architektonischer Bedeutung fast erschöpft sein. Um die Bedeutung akademischer Institutionen durch ein großes, hohes Bauwerk auszudrücken, verfiel der Kanzler der Universität Pittsburgh 1926 auf eine 230 Meter hochstrebende »Kathedrale der Gelehrsamkeit« im pseudogotischen Stil, die inmitten weiter Ebenen die Studenten zur Strebsamkeit animieren sollte; ihre Vollendung wurde durch den Börsenkrach von 1929 elf Jahre hinausgezögert.

Der New Yorker *Trump Tower* und das *John Hancock Center* in Chicago sind wohl die derzeit prominentesten Beispiele für eine Mischnutzung aus Geschäften, Büros und Apartments. Exklusive Wohntürme wie das *Panhellenic Hotel* oder der von Cäsar Pinnau für den Reeder Aristoteles Onassis errichtete Renommierblock des *Olympic Tower* im Herzen New Yorks bilden eher die Ausnahme. Das *Waldorf Astoria* darf noch immer als das schönste Wolkenkratzerhotel gelten, auch wenn John Portman mit seinen Kreuzungen aus High-Tech-Bettenburg und nach innen verlegten Vergnügungsparks neue Maßstäbe im Hotelbau setzte.

Die Superlative von gestern sind heute freilich längst schon übertroffen: Das von einer schwedischen Finanzgruppe für 170 Millio-

◁   5   Dach des State of Illinois Center, Chicago

nen Dollar im Stil der klassischen Zwanziger-Jahre-Wolkenkratzer erbaute *Royal Concordia* (New York) ist auf 54 Etagen mit nicht weniger als 500 Suiten ausgestattet; und das *Westin Stamford* in Singapur behauptet mit 73 Geschossen und 226 Metern Höhe den ersten Rang in der Hitliste der welthöchsten Hotels, doch soll es bald vom 315 Meter hohen *Tower Hotel* in Hongkong (91 Stockwerke, 2400 Zimmer) abgelöst werden.

Dennoch, die weit überwiegende Anzahl von Wolkenkratzern folgt der mehr als einhundertjährigen Tradition des Bürohochhauses, ein Maximum an Geschoßfläche (»floor area«) für vermietbare Geschäftsräume bereitzustellen. Die unterste Grenze liegt bei etwa 2500 Quadratmetern, während neue Megabauten wie das *World Trade Center* die schier unglaubliche Fläche von 100 000 Quadratmetern und mehr erreichen. Die Struktur des Wolkenkratzers mit seiner vielfachen Stapelung von Geschoßflächen (Koolhaas spricht von »territorialer Multiplikation«) veranschaulicht die wirtschaftliche Konzentration, die auf Standardisierung der Arbeitsgänge und größtmöglicher Ökonomie der Geschäftskommunikation basiert. Der Schaft liefert die gleichsam unverhüllte ›raison d'être‹ des gesamten Bautypus, weil sein streng additives Prinzip Ausdruck von Rationalisierung ist und gleichzeitig das wichtigste Element für die Höhenkonkurrenz der Gebäude untereinander darstellt.

Waren es in früheren Jahrzehnten einzelne Konzerne, die für sich oder auch mietweise für Schwesterunternehmen ein möglichst unverwechselbares Image-Gebäude errichten ließen, so hat heute ein rapide expandierender Dienstleistungssektor die Produktionsfirmen alten Stils weitgehend verdrängt. Das *Union Carbide Building* in der New Yorker Park Avenue ist längst von einer Bank aufgekauft, und viele andere Bauten, die mit ihrem Namen eine vermeintlich unzerstörbare Identität bilden sollten, sind inzwischen zur Manövriermasse in riesigen, kaum mehr durchschaubaren Verkaufstransaktionen geworden.

Ende der achtziger Jahre bemühten sich japanische und kanadische Konsortien um die Übernahme des Chicagoer *Sears Tower,* des noch immer höchsten Büroturms der Welt, den Amerikas größtes Versandgeschäft, Sears, Roebuck & Co., wegen eines Gewinneinbruchs zu veräußern trachtete. Angesichts eines Verhandlungspreises von über einer Milliarde Dollar sprach man vom gigantischsten Immobiliengeschäft der Geschichte, bei dem allein ein Einzelgebäude zum Verkauf anstand. Der *RCA Tower* im *Rockefeller Center* erhielt 1989 an seiner Spitze das neue rote Leuchtsignet »GE« von General Electric, dem er schon länger gehörte, und ging wenige Monate später zu 51 Prozent (610 Millionen Dollar) in den Besitz des japanischen Konzerns Mitsubishi über. Als das Geschäft perfekt war, zeigte eine japanische Fernsehstation die Skylines wichtiger nordamerikanischer Metropolen und markierte die in japanischem Besitz befindlichen Wolkenkratzer mit Fähnchen der Nationalflagge (siehe »Die Zeit«, 10. 11. 1989, S. 36). Gerade die mit ihren vermeintlichen Eigentümern identifizierten Bauten, in Deutschland etwa der Turm der Bank für Gemeinwirtschaft in Frankfurt, sind in der Regel längst von ausländischen Investoren (hier einer schwedischen Immobiliengesellschaft) aufgekauft.

In den frühen achtziger Jahren sind die »Baubetreuungsgesellschafter« (»developers«) und Immobilienhändler zu den eigentlichen Bauherren geworden, während sich die Konzerne lieber auf Zeit einmieten. Donald Trump, ein typischer Aufsteiger der Reagan-Ära, galt lange als der bekannteste und publicityfreudigste unter ihnen, doch rangierte er in seiner Finanzkraft noch hinter William Zeckendorf Jr. *(Worldwide Plaza, South Ferry Plaza)* und den Gebrüdern Reichmann aus Kanada. Das aggressive Investitionsgebaren dieser Geschäftsmänner paßte vollkommen in ein politisches Klima, in dem unverhüllte Profitgier als schick und zeitgemäß angesehen wurde. Da der gleichzeitige Bau weniger Wolkenkratzer in einer einzigen Stadt bereits Zehntausende von Arbeitsplätzen schafft, werden Bebauungspläne, Kapitalförderung des Immobilienmarkts und Steuervergünstigungen nicht selten auf die Wünsche der potentiellen »Developers« zugeschnitten. Das Kalkül der städtischen Behörden, die Wirtschaft in die Metropolen zurückzulokken, nachdem sie im Zuge der Ölkrise an die Ränder ausgewandert war, mag zumindest in New York aufgegangen sein. Verschwiegen werden dabei freilich die Kosten, die man der Gemeinschaft für die Anpassung an eine durch die Wolkenkratzer radikal veränderte Infrastruktur aufbürdet. Dort, wo diese Anpassung nicht vollzogen

6   Die Skyline von Los Angeles

wird, entsteht ein geradezu groteskes Mißverhältnis zwischen avanciertester Technik innerhalb der hermetischen Hülle des Wolkenkratzers und dem sozialen Ödland einer feindlichen Außenwelt. Gerade in den »boom towns« wie Dallas, aber auch in einer Riesenstadt wie Los Angeles, das kein eigentliches Stadtzentrum im europäischen Sinne besitzt, erheben sich die Wolkenkratzer wie isolierte, sich selbst genügende Monumente in einer Wüste, einem »Wasteland« aus wildwachsendem Strauchwerk oder verlassenen Zufahrtsstraßen (Abb. 6).

Der Mythos Amerika beruht nicht zuletzt auf den Möglichkeiten einer Erschließung billigen Bodens in sich unendlich ausdehnenden Landstrichen. Der damit einhergehende Agrar-Idealismus konnte – was heute oft vergessen wird – nur auf einem ausgeprägten antiurbanen Mißtrauen aufbauen: Im Dschungel der Großstadt herrschten ihm zufolge Sünde, Korruption und Kommerz. Während im populärkulturellen Verständnis des Hollywood-Films der Pionier gen Westen zog, vor sich den weiten Horizont, drängte es den Gangster und Spekulanten in die Städte im Osten, wo die vertikalen Strukturen gleichsam symbolisch den schnellen Aufstieg verhießen. Die Prärie ist geradezu das Paradigma für ein horizontal geprägtes Verständnis der Ansiedelung, das etwa bei Frank Lloyd Wrights flachen »prairie houses« Pate stand.

Es mutet wie ein Paradox an, daß in einigen eng begrenzten innerstädtischen Bereichen eine Bebauungsdichte und Bebauungshöhe herrschen, die in ihrer wahnwitzigen Konzentration den Eindruck eines an Boden äußerst knappen Landes vermitteln (Abb. 7). Wie durch einen eigenartigen Magnetismus ziehen sich Wolkenkratzer gegenseitig an; so bedeutete es bis in die achtziger Jahre selbst in Midtown Manhattan ein Wagnis, auf der »falschen«, das heißt der westlichen Seite zu bauen; erst jetzt scheint dank eines großzügigen Bonus-Systems der Bann gebrochen. Das häufig vorgebrachte Argument, daß eine Knappheit an Bebauungsfläche oder gar der Bevölkerungszuwachs in den urbanen Zentren eben dazu zwängen, in die Höhe zu bauen, ist nachweislich falsch. Geradezu absurd erscheint die Behauptung des amerikanischen Architekten Alfred C. Bossom, die Amerikaner würden den Verkehr auf der Straßenebene vertikal in die Bauten umleiten, in denen dann Lifts die Beförderung übernähmen (zit. in Stern u. a. 1987, S. 334). Genauso unsinnig ist das Argument reduzierter Konstruktionskosten, sobald sich eine bestimmte Geschoßfläche auf ein einziges Hochhaus konzentriert. Das Gegenteil ist richtig: Mehrere Niedrigbauten sind bei erträglichen Bodenpreisen noch immer kostengünstiger als das sich disproportional verteuernde Bauen in die Höhe.

Die wahren Gründe für die Konzentration liegen in einem gravitationsartigen »Zusammenrücken« der Bauten, von denen ein jeder vom Prestige des anderen zu profitieren beziehungsweise ihn zu überflügeln hofft. Es entstand eine »Kultur der Anhäufung« (Koolhaas 1978, S. 13), eine durch eine Art Herdentrieb künstlich bewirkte Dichte innerhalb des Central Business District. Vereinzelt auftretende Wolkenkratzer an der Peripherie wirken noch heute wie verirrte Solitäre, die zwei Grundgesetze im Hochhausbau leugnen:

7 Wahnwitzige Konzentration: Die »XYZ«-Gebäude in der Avenue of the Americas, New York

8 Old State House, Boston

die Konkurrenz im unmittelbaren Vergleich, aber auch die Konzentration in einer Welt der wirtschaftlichen Interessenverflechtung. Schließlich gilt der alte, von Walt Whitman bekräftigte Erfahrungssatz, »daß je teurer etwas ist, es um so stolzer vorgezeigt wird« (zit. in Leeuwen 1988, S. 90).

Bei Neubauten hat sich inzwischen ein »urbaner Darwinismus« (Goldberger 1983, S. 44) durchgesetzt, der, vor allem in New York, noch von der kleinsten Eckparzelle Besitz ergreift und die dafür entrichteten Grundstückspreise durch ein möglichst hohes Aufeinanderstapeln von Geschoßflächen zu amortisieren sucht. Steht ein denkmalgeschütztes Bauwerk im Weg, wird um es herum eine geschwungene oder zentimeterweise abgetreppte Glashülle errichtet, deren spiegelnde, in Ziehharmonikafalten zerlegte Haut den brutalen Gestus der Vereinnahmung kaschieren soll. In Boston ist das Old State House von 1713, der einstige Sitz der britischen Gouverneure, durch die massiv-dunklen Glaskästen in einen kaum je weichenden Schatten gestellt, aus dem es allenfalls im übertragenen Sinn heraustritt, wenn sich seine differenzierte Liliputfassade baulich doch gegen die mächtige Rasterkulisse im Hintergrund zu behaupten vermag (Abb. 8).

Der renommierte New Yorker Architekturkritiker Paul Goldberger hat seine Stadt mit einem großen Monopoly-Brett verglichen, auf dem die lukrativsten Grundstücke zu den riskantesten Spielzügen verleiten (1983, S. 50). In der westlichen 57th Street beispielsweise sind über 60 Etagen hohe Türme so dicht aneinandergebaut, als sollte ein Reihenhauseffekt erzielt werden. Einer von ihnen, Harry Macklowes 218 Meter hoher *Metropolitan Tower* (140 W. 57th Street), hat sich mit einer zu einer scharfen Kante verjüngenden Front derart bedrohlich in eine Lücke gequetscht, daß er treffend nur noch »das Messer« genannt wird. Allein ein Grundstück in Midtown Manhattan (im Planquadrat von der 34th zur 60th Street und von der Third zur Eighth Avenue) kostet inzwischen so viel wie noch vor zwei Jahrzehnten der Bau eines ganzen Wolkenkratzers. Die Erklärung für den kräftigen Anstieg der Grundstückspreise liegt in der gedanklichen Ausfüllung des Raumes, der vom Boden ausgeht: In Wahrheit nämlich wird ein zwei- bis dreihundert Meter hohes Kontinuum an Luft miterstanden. Schon beim Erwerb eines

9 Vertikale Addition: Prudential Building, Boston

Stück Bodens wird also in den Kategorien eines »Raumbehälters«
(Zukowsky, Hrsg., 1987, S. 61) gedacht, der nach möglichst großer
Ausfüllung verlangt.

Noch vor jeder ästhetischen Würdigung eines Wolkenkratzers
sollte deshalb das Prinzip der vertikalen Addition und Multiplikation, das heißt einer größtmöglichen nutzbaren Geschoßfläche auf
vergleichsweise kleinem Grundstück, als eigentliche Funktionser-
füllung dieses Bautyps begriffen werden (Abb. 9). Ein Kritiker kann
daher ironisch behaupten, daß die Form von Wolkenkratzern nicht
ihrer Funktion folge, sondern den Hypothekenzinsen (Blake 1977,
S. 28). Und Wolfgang Koeppens Bemerkung: »Skyline – ich dachte
an graphisch dargestellte Erfolgskurven, ich sah die Kurse klet-
tern ...« (zit. in Schwarz 1987, S. 119), erinnert unwillkürlich an
Karikaturen, die die Skyline in Form von spitz ansteigenden Schau-
linien des Dow-Jones-Indexes abbilden.

Der Bauboom der achtziger Jahre hat in vielen amerikanischen Großstädten zu einem »overbuilding« geführt, einer unvertretbar dichten Bebauung, der die oft veralteten und ineffektiven Transport- und Serviceeinrichtungen nicht gewachsen sind. In licht- und luftraubender Konzentration sind in der ohnehin engen Madison Avenue in New York wahre »blockbusters« entstanden, Bauten von raumsprengender Massivität und mit bedrückend engen Zwischenräumen. Das Ergebnis gereicht dabei nicht selten zum Schaden ihrer Erbauer: Immer mehr blockieren und nivellieren sich die Wolkenkratzer gegenseitig, indem die Sicht auf sie schon zwei Straßenblocks weiter völlig verstellt ist. Die durchaus narzistische Schönheit der stolzen Solitäre bleibt nicht mehr wie selbstverständlich zur Bewunderung ausgestellt, sondern verschwindet hinter der jeweils neuesten Konkurrenz. Da sie zuweilen wie mit einem Schuhlöffel in die Baulücken gepreßt sind, kommt es darauf an, zumindest die in Sichthöhe befindlichen Eingangsportale und Lobbies möglichst spektakulär zu entwerfen (Farbtaf. 1). Das »Einschluchten« der Straßen zu tiefen Canyons, die von den Wolkenkratzern wie von Felswänden umgeben sind, mißachtet eine Warnung, die der Chicagoer Architekt Louis Sullivan schon früh ausgegeben hat: »Das Bürohochhaus verliert an Wert, wenn seine Umgebung sich unangemessen zu seiner Natur verhält. Drängt man diese hohen Gebäude in enge Straßen und Gassen, dann wirken sie so, daß sie sich gegenseitig zerstören.« (Zit. in Schwarz 1987, S. 29)

Wolkenkratzer prägen das Erscheinungsbild und die Infrastruktur einer Großstadt auf vielfältige, sich rasch verändernde Weise. Wo in den Zentren noch vor zwei Jahrzehnten eine Mischung aus privatem Wohnraum und gewerblicher Nutzung vorherrschte, sind mittlerweile riesige Bürolandschaften entstanden, wobei von den insgesamt 70 Millionen Quadratmetern Büroraum in den USA allein 40 Prozent auf Manhattan verteilt sind (siehe Brook 1985, S. 29). Immer wenn ein Bauboom seinen Höhepunkt erreichte, waren nicht wenige ältere Wolkenkratzer mit kleinerem Volumen abrißbedroht, weil sie moderneren und effizienteren Gebäuden weichen sollten. Sogar das 1956 errichtete *Lever House*, nach dem *UN Secretariat Building* das zweite Glashochhaus in New York und eines der beeindruckendsten Baudenkmäler der klassischen Moderne, wurde in den siebziger Jahren als zu alt und zu klein erachtet, bevor es dann doch noch vor dem Dynamit bewahrt wurde. Damit wäre ihm beinahe das nämliche Schicksal bereitet worden, das zu seiner Entstehungszeit viele Wolkenkratzer im Art-deco-Stil erlitten.

In der raschen Abfolge von Abriß und Neuaufbau, der gegenüber der Denkmalschutz relativ machtlos ist, manifestiert sich ein sehr amerikanisches Paradox der Zeitvorstellung. Wolkenkratzer vermitteln in der Tat den Eindruck, für die Ewigkeit gebaut zu sein. Sie sind Denkmäler, die manch formale Inspiration aus der fernen Vergangenheit beziehen und moderne Technologieverfahren für eine ferne Zukunft eingesetzt zu haben scheinen. In Wahrheit aber sind bereits viele der in den sechziger und selbst siebziger Jahren entstandenen Hochbauten funktional veraltet. Ihre Zweckbestimmtheit bedingt die ständige Forderung nach größtmöglicher Ökonomie und unaufschiebbarer Erneuerung. »Reiß die alte Rattenfalle ab und ziehe ein sechzehnstöckiges Gebäude hoch«, lautete schon ein Slogan im Chicago von 1889. Und der Schriftsteller Henry James bemerkte 1904:

»Sie [die Wolkenkratzer] werden nie zu dir sprechen in der Art, wie die baulichen Majestäten es tun, die wir bislang gekannt haben – Türme oder Tempel oder Festungen und Paläste –, mit der Autorität von Dingen, die etwas dauerhaft Bleibendes besitzen oder zumindest lange beständig sind. Eine Geschichte ist nur so lange gut, bis eine nächste erzählt wird, und Wolkenkratzer sind das letzte Wort wirtschaftlichen Einfallsreichtums, bis eben ein anderes Wort geschrieben wird.« (Zit. in Stern u. a. 1983, S. 169)

Ins Positive gewendet, wird darin eine unaufhaltsame Dynamik der Fortentwicklung manifest, ein Drang zu immer neuen »Geschichten«, mit denen der »Stadtroman« umgeschrieben wird. »Nichts steht still«, wird ein Baumanager zitiert, »entweder bewegt es sich nach vorne oder es vergeht. Man kann nicht eine Haube aus Plexiglas über San Francisco stülpen und sie wie auf einen Kaffeetisch legen.« (Attoe 1981, S. 117) Und so verbirgt sich in der von Henry James monierten Unbeständigkeit ein Kontinuum eigener Art, indem die vorwärtstreibende Kraft einer sich ständig wandelnden Gesellschaft und deren ökonomische Leistungsfähigkeit immer neu bewiesen werden müssen. Freilich beginnt man allmählich zu erkennen, daß Wolkenkratzer einen Wert jenseits ihrer unmittelbaren Zweckbestimmung entwickeln und zu Denkmälern der Baukultur eines Landes werden können.

Der vielleicht verbreitetste Vorwurf von Architekturkritikern und Urbanisten zielt dahin, daß Wolkenkratzer als isolierte Spekulationsobjekte die Stadt als strukturell funktionierendes Ganzes vernachlässigen. Öffentliche Entscheidungen können oft nur noch Reaktionen auf Entscheidungen sein, die im privaten Sektor (und im privaten Interesse) längst schon gefallen sind. Das Ergebnis ist ein Planungschaos, das durch mangelnde Synchronisation von uhrwerkhaft ablaufendem Zeitplan seitens der Baufirma und nur ungenügend koordinierten Urbanistik-Konzeptionen seitens der Behörden gnadenlos verschärft wird.

Organisationsprobleme und Belastungen beginnen schon in der ersten Bauphase, wenn die Innenstadt Erdaushebungen (Abb. 10)

10   Erdaushebungen in Los Angeles

über mehrere Straßenblocks aufweist, wobei die eingezäunten Krater an riesige Wunden gemahnen. Dolores Hayden benutzt gar die Metapher der Vergewaltigung, um den Gestus brutaler Verfügung zu veranschaulichen, mit dem gigantische Turmbauten in den »Stadtkörper« eingerammt werden (1977, S. 108). In Zeiten forcierter Bautätigkeit bietet sich den Bewohnern ein Anblick wie nach einem Bombenangriff. So war am 18. April 1988 in der Zeitung »Seattle Post Intelligencer« zu lesen: »Die Menschen hier werden sich nie wieder damit abfinden, daß das Zentrum dieser Stadt wie das kriegszerstörte Beirut aussieht.«

Wolkenkratzer bedingen durch ihre vertikale wie horizontale Konzentration eine drastische Verschiebung des infrastrukturellen Gleichgewichts der Metropolen. In Bezirken von exzessiv hoher Bebauungsdichte sind allein Hunderttausende von Menschen auf den öffentlichen Verkehr angewiesen. Es herrscht ein sprunghaft ansteigender Bedarf an Kanalisation, Wasserzufuhr und Energieleistungen. Am extremen Beispiel des *World Trade Center* (Farbtaf. 2) werden die Dimensionen besonders deutlich. Da die schlanken Zwillingstürme stark der Sonne ausgesetzt sind und somit ein hoher Klimatisierungsbedarf besteht, beträgt der stündliche Energieverbrauch 680 000 Kilowatt. Für den Müll sind in den Lastaufzügen mobile Mini-Kompaktwagen bereitgestellt, dazu insgesamt fünf Fülltrichter, die Gegenstände bis hin zu Schreibtischen oder metallenen Trennwänden zermalmen können (Ruchelman 1977, S. 93). Täglich betreten etwa 50 000 Beschäftigte und 80 000 Besucher das Gebäude, um in 198 Aufzügen eine der zweimal über 100 Etagen zu erreichen. Subway-Stationen im Souterrain geben den Angestellten die Möglichkeit, in ihren Wohnbezirk in Brooklyn oder Queens zurückzukehren, ohne das Gebäude auch nur für einen Schritt verlassen zu müssen.

Auch wenn es fraglich ist, ob ein Bauwerk wie das *World Trade Center* im Sinne menschlicher Lebensqualität je wirklich »funktionieren« kann, sind seine Einrichtungen doch auf ein Maximum an Funktionstüchtigkeit abgestellt. Das liegt vermutlich auch am verwickelten und deshalb besonders langen Planungsvorlauf, der diesem Bau durch die »Port Authority« von New York und New Jersey vorausging. Eine vergleichbare infrastrukturelle Anpassung ist in

Manhattan freilich selten anzutreffen. Ständige Rohrbrüche, ein hoffnungslos veraltetes Transportsystem, Stromausfälle, Liftpannen, tonnenweise Anhäufung von Müll, Hitzestaus und Windstöße, die in ihrem Innern einen sogenannten »stehenden Wirbel« oder einen Mini-Tornado bilden – all diese Mängel können in den Menschen, die in solchen Gebäuden arbeiten, psychische Belastungen auslösen, nicht nur weil sie das Wohlbefinden einschränken, sondern weil angesichts ungenügender Vorkehrungen im konventionellen Versorgungsbereich ein Gefühl persönlicher Bedeutungslosigkeit aufkommt. Ein solcher Eindruck in einer ansonsten perfekt durchtechnisierten Welt wiegt vielleicht noch stärker als die oft beschworene Anonymität der Wolkenkratzer, die kein soziales Bezugsfeld mehr ermögliche.

Die enorme Massierung von Wolkenkratzern in den Zentren amerikanischer Großstädte verändert auch das Bild der Skyline. »Wie hervorstehende Nadeln in einem bereits übersäten Nadelkissen« empfand schon Henry James die spitzen Türme von Manhattan, »wie ins Dunkle hineingesteckt, gleich wo und wie« (zit. in Schwarz 1987, S. 69). Und Le Corbusier, der für noch höhere Wolkenkratzer, allerdings in weiterem Abstand voneinander, plädierte, nannte New York ein »tragisches Stachelschwein«.

Solche Vergleiche scheinen freilich eher auf die heutige Baulandschaft zuzutreffen. Denn im Rückblick schließen sich die zwischen 1890 und 1930 entstandenen Wolkenkratzer zu einer prägnanten, trotz ihrer Vielfalt homogenen und unverwechselbaren Silhouette zusammen, der man sich von den Schnellbahnen und Brücken der Stadt wie einem Park voll kinetischer Skulpturen nähern konnte. Für Spielfilme der dreißiger Jahre, die Manhattan zum Schauplatz wählten, war die zerklüftete Skyline ein ebenso markantes Erkennungssignal wie der Eiffelturm für Paris oder Big Ben für London. Das *Empire State Building* und das *Chrysler Building* beherrschten jahrzehntelang die Umrißlinie als natürliche Autoritäten, damals noch unangefochten von den gesichtslosen Emporkömmlingen der Türme des *World Trade Center*. Mittlerweile scheint das Gefühl verlorengegangen zu sein, daß Gebäudekonturen nach Zwischenräumen und freiem Himmel verlangen, um voll zur Geltung zu

11　Skyline von Lower Manhattan, um 1912

kommen. Ein »zu viel« verkehrt sich zum »immer weniger«, da –
zumindest in Manhattan – vor lauter Wald die einzelnen Bäume
nicht mehr zu sehen sind. Die Skyline, traditionell jene Linie, wo
sich Himmel und Erde treffen, projiziert keine filigranhaften Turmbauten mehr gegen den Horizont, sondern sich gegenseitig verdek-
kende Steinmassen und Glasfassaden (Abb. 11, 12). Spätestens seit
dem Riesenkasten des *One Chase Manhattan Plaza* (1960) ist das
subtil-romantische Profil in ein unüberschaubares Gewirr von
Linien und ineinandergeschobenen Großflächen verwandelt.

Lewis Mumford, der wie kein zweiter Geschichte und Morphologie
der Stadt erforscht hat, sieht im maßstabsprengenden Wachstum
urbaner Strukturen ein selbstzerstörerisches Prinzip: Die Metropolis entwickle sich immer mehr zur Megalopolis, um als »Nekropo-
lis« den Erstickungstod zu erleiden (zit. in Gill 1989, S. 77).
    Auch wenn diese Prognose die Widerstandsenergie der Bewohner
selbst allzu gering einschätzt und Anfang der neunziger Jahre den

Gefahren des unbegrenzten ›laissez-faire‹ entschiedener als noch vor zehn oder zwanzig Jahren begegnet wird, bleibt doch die beunruhigende Erkenntnis, daß die Megabauten keineswegs ein entsprechend gigantisches Bewußtsein der durch sie geschaffenen Probleme nach sich ziehen. Die stadtökologische Entwicklung bleibt dabei weitgehend unberücksichtigt. Sehr bestimmt folgert deshalb Ada Louise Huxtable – neben Paul Goldberger führend in der Kritik der amerikanischen Wolkenkratzerarchitektur –, es sei »einfach absurd, diese Bauten noch unter ästhetischen Gesichtspunkten zu beurteilen« (1986, S. 123).

Abermals muß die Unbedingtheit der Alternative nicht geteilt werden: Gerade die herausragende Bedeutung von Ästhetik auch für die Alltagswahrnehmung scheint in Ada Louise Huxtables Urteil unterschätzt. Doch bevor Wolkenkratzer als bildhafte Metaphern

12   Skyline von Lower Manhattan, 1990

urbaner Kultur vorschnell idealisiert werden, sollten sie zuerst als »physische Realitäten« begriffen werden, die dem ökonomischen Verwertungszwang auf klassische Weise gehorchen. Sie gleichen konkurrierenden Individuen, die sich dennoch eng zusammenscharen – Giganten der Höhe, die ausgerechnet im Straßenbereich ihre Probleme am wenigsten zu lösen vermögen.

Kommerzialität und Ästhetik gehen beim Wolkenkratzer eine oft unbehagliche Verbindung ein, die leicht dazu verleitet, das eine zugunsten des anderen zu negieren. Wenn nämlich im landläufigen Verständnis das Schöne noch immer intuitiv mit dem Zweckfreien assoziiert wird, kann ein Bautyp, der »ein Produkt menschlicher Gier« (Bragdon 1932, S. 26) ist, nicht eigentlich als schön und ansprechend gelten. Der Architekt Philip Johnson betonte – in Reimar Allerdts Fernsehdokumentation »Die vertikale Stadt« aus dem Jahr 1985 – mit dem ihm eigenen smarten Zynismus, daß seine Aufgabe allein darin bestehe, die Wünsche seiner Klienten aus der Wirtschaft zufriedenzustellen: »Wir bauen nicht für die Ehre Gottes. Wir bauen, um Geld zu machen.«

Ihrem Wesen nach ist die Hochhausarchitektur Ergebnis von Unternehmerinitiative und Spekulation, von Geldfluß und Wirtschaftsdynamik. Angefangen mit der Auftragsvergabe und dem Grundstückerwerb über Bebauungspläne und Kosten-Nutzen-Berechnungen bis hin zur Vermietung von Büroraum gelten allein die Gesetze der Gewinnmaximierung, die den Zugriff auf derart gigantische Volumen überhaupt erst rechtfertigen. Wolkenkratzer zelebrieren Macht und Reichtum; erst über den Umweg ihrer kommerziellen Nützlichkeit konnten sie zu »Totems der amerikanischen kapitalistischen Mythologie« (Stern u.a. 1987, S. 589) werden (Abb. 13).

Wie unaufrichtig es klingen kann, wenn ein Architekt unter diesen Voraussetzungen einen Idealismus propagiert, der gleich einem Stück Marketing-Strategie eingesetzt wird, beweist Minoru Yamasaki mit zwei unterschiedlichen Stellungnahmen. »Welthandel«,

13   Postmoderner Befestigungsturm im New Yorker Wall-Street-Viertel (68 Maiden   ▷
     Lane)

meint der Erbauer des *World Trade Center,* »bedeutet Weltfrieden, und folgerichtig bedeutet das Welthandelszentrum in New York etwas, was wir brauchen und was sehr wichtig ist, nämlich Weltfrieden. Ich glaube, es hat einen höheren Zweck, als nur Mietobjekte bereitzustellen.« Doch hatte Yamasaki andererseits einen Auftraggeber, der ihn die Sachlage auch ohne bombastische Rhetorik sehen ließ: »Unser Problem bestand darin, wie man ein Hochhaus konstruieren und den Zeitplan für die Vermietung einhalten konnte... Es lohnte kaum, dieses Ding zu bauen, ohne daß man sein Geld wieder zurückbekommt.« (Zit. in Ruchelmann 1977, S. 47f.)

In der Geschichte des Wolkenkratzers hat die Primärfunktion eines Gebäudes, seine Rentabilität, seine ästhetische Form- und Zeichengebung stets mitbeeinflußt. Wie auch in der Industriearchitektur sind ökonomisches Verwertungsinteresse und klarer, unverfälschter Ausdruck der Funktion eine spannungsvolle Allianz eingegangen. Niemand hat für den Bereich des Hochhausbaus diese Verbindung einleuchtender formuliert als der französische Schriftsteller Paul Bourget:

»Der Architekt, der [diese Gebäude] erbaut hat, ... hat auf Kolonnaden, Ornamente und klassische Verschönerungen verzichtet. Er hat offen die durch den Spekulanten auferlegten Bedingungen angenommen, den Wert des Grundstücks so oft wie möglich zu vervielfachen durch Vervielfachung der geplanten Büros. Man könnte meinen, dieses Problem sei nur durch den Ingenieur zu lösen. Doch weit gefehlt. Die einfache Kraft der Not ist wesentliches Prinzip der Schönheit, und so offenbaren diese Gebäude deutlich, daß Bedürftigkeit eine einzigartige Gefühlsbewegung erleben lassen kann.« (Zit. in Kultermann 1983, S. 44)

Was hier einseitig als eine auf Reduktion angelegte Ästhetik des Mangels erscheint, kann andererseits auch als Schönheit eines Formenreichtums auftreten, der ein »symbolisches Kapital« (Pierre Bourdieu) verkörpert; dieses Kapital bezeugt den Geschmack und die Kennerschaft des Besitzers in einer Art von Selbstanzeige oder Visitenkarte. Es wäre eine Täuschung, dahinter weniger kommerzielle Auftragsarchitektur zu erkennen als bei Gebäuden, die ihren Zweck schnörkellos ausstellen. Die wahrhaft bedeutenden Wolkenkratzer versuchen gar nicht erst, Illusionen über ihre Funktion herzustellen. Und doch greift ihre Konstruktion über bloße Gebrauchsfertigkeit und eine opportunistische Anpassung an den Zeitgeist beziehungsweise den Klientengeschmack weit hinaus. Ihre »Größe« besteht gerade darin, daß sie die sie ermöglichenden Antriebskräfte der Gesellschaft keineswegs leugnen, dann aber doch in einem Höhenflug von Stolz all jene »niederen Zwecke« zurücklassen, denen sie ihre Existenz verdanken. Eben dies bedingt ihre Qualität als kulturelle Zeichen jenseits ihrer physischen Realität.

Katastrophenszenarien

Die Bedrohung von Gesundheit und Sicherheit durch Wolkenkratzer wird im Alltag kaum mehr wahrgenommen. Erst dann, wenn sie in Katastrophenfilmen zur bevorzugten Ausnahmesituation wird, rücken die Faktoren der Gefährdung in den spannungsbesetzten Mittelpunkt. Die nur scheinbar unspektakulärste Gefahrenquelle ist die Beraubung beziehungsweise Umverteilung von Luft und Licht, so daß ein künstliches Mikroklima innerhalb und außerhalb der Gebäude entsteht. Die Schatten, die die Türme des *World Trade Center* auf das südliche Manhattan bis zum East River werfen, können am späten Nachmittag eine Länge von über drei Kilometern erreichen (Ellis 1989, S. 48f.). Zwar hat ein Zonierungsgesetz von 1916 den notwendigen Lichteinfall an der Spitze eines Gebäudes neu bestimmt, doch gleichen allzu viele Straßen engen Schluchten, in die sich kaum je ein Sonnenstrahl verirrt.

In den Gebäuden selbst ist schon zu Beginn des Jahrhunderts von dem Architekten D. H. Burnham die Möglichkeit automatisch regulierbarer Beleuchtung und künstlicher Klimatisierung erwogen worden. Das erste zentral vollklimatisierte Bürohochhaus entstand freilich erst 1928 in San Antonio (Texas); mittlerweile kann die Raumtemperatur durch das Anwählen bestimmter Telefonnummern erhöht oder gesenkt werden. Das Großraumbüro fand erst volle Akzeptanz, als auch in Bereichen von mehr als zehn Metern Fensterabstand keine schlechteren Klimaverhältnisse herrschten.

Elektroden an der Fassade registrieren die Intensität des Sonnenlichts, worauf ein Computer die entsprechende Innenbeleuchtung einstellt. In der *Los Angeles County Hall of Records* paßt sich ein System von jalousieartig angeordneten Schleifen automatisch den Lichtverhältnissen an, indem von Sensoren auf dem Dach, die den Lauf der Sonne verfolgen, Signale nach unten gegeben werden. In Norman Fosters genialer *Hongkong & Shanghai Bank* wird ein Kollektor mittels Computer zur Sonne hin eingestellt und das Licht über einen Down-Light-Reflektor über die riesige Innenhalle verteilt.

Besondere Regulierungen sind bei Glasbauten unabdingbar, die bis zum Zehnfachen des normalen Wärmeverlusts beziehungsweise der normalen Erhitzung aufweisen können, falls sie nicht mit einer versilberten oder vergoldeten Spiegelmembrane versehen sind. Glas kann aber auch das Sonnenlicht derart reflektieren, daß, wie in Houston geschehen, ein Hotel den Wolkenkratzernachbarn erfolgreich verklagte, weil die Lichteinwirkung von gegenüber die Betriebskosten der hauseigenen Klimaanlage drastisch nach oben schnellen ließ (Blake 1977, S. 73). Die verspiegelten Türme der *Deutschen Bank* in Frankfurt sollen bei manchen umliegenden Gebäuden einen Trompe-l'œil-Effekt bewirken, so daß bei Sonnenuntergang das Licht von Osten aus aufscheint.

Es ruft immer wieder das Erstaunen selbst von Experten hervor, wie resistent Wolkenkratzer gegen die Unbilden von Stürmen und Witterungseinflüssen sind. Tornadoartige Winde können auf sie einen Staudruck bis zu 13 000 Tonnen ausüben, die vom Schaft möglichst auf die Fundamente abgeleitet werden müssen, so daß an der Spitze allenfalls Schwankungen von 30 Zentimetern entstehen. Zum Vergleich: Ein Flugzeug, das ein Gebäude rammt, würde etwa 300 Tonnen Belastung verursachen. Nur durch genaueste Statikberechnungen und ein schon an Ernest Flaggs *Singer Building* (1908) erprobtes Versteifungssystem im Rahmen kann ein Biegen, Knicken oder gar Brechen abgewendet werden. Die horizontal auftreffenden Winde bilden heftige Wirbel, die die Kraft von Orkanböen erreichen, während im Bodenbereich der sogenannte »spinning effect« die Fußgänger einem tornadoartigen Strudel aussetzt. Berühmt geworden ist der Ruf »Twenty-three Skiddoo!« (»Haut aus der 23. Straße ab!«), mit dem Polizisten die Gaffer vor dem New Yorker *Flatiron Building* vertrieben: an dessen Basis nämlich hob der heftige Aufwind die damals bodenlangen Röcke der passierenden Frauen.

Heutzutage wird der Staudruck an maßstabsgerechten Modellen (1:500) in computergesteuerten Windkanälen getestet, um die noch vertretbare Biegespannung zu ermitteln. Dabei können die Turbulenzen beliebig verstärkt und die Fassaden flexibel gestaltet werden; auch die Nachbargebäude sind in die Tests mit einbezogen, da sie die Luftströmungen in der Höhe maßgeblich mit beeinflussen. Bei Megabauten, also solchen von extremer Größe und Bodenfläche, sorgen tonnenschwere Stabilisatoren für den Druckausgleich. Wenn das *Citicorp Center* in der New Yorker Lexington Avenue auf starke Stürme mit Schwankungen antwortet, entwickelt ein im 59. Ge-

14 Alcoa Building, San Francisco

schoß installierter 400-Tonnen-Betonblock ein beruhigendes Gegengewicht. Dieser Block ruht auf einer Rampe und ist mit dem Skelett des Gebäudes durch kolbenartige Stoßdämpfer verbunden. Bei Schwingungen wird über Computereinrichtungen Öl auf die Plattform gepumpt, so daß der Block frei gleiten und, neben der Gegenbewegung über die Dämpfer, eine stabilisierende Trägheitskraft entfalten kann.

Mit dem Ausgleich horizontaler Windkräfte hat sich vor allem das Architekturbüro Skidmore, Owings & Merrill (SOM) unter ihrem Ingenieur Fazlur Khan beschäftigt. Aussteifende Diagonalverbände der Fassadenrohre garantieren in Verbindung mit senkrechten Zwischengliedern eine Festigkeit des Tragwerks, die um vieles größer als beim konventionellen Vertikalsystem ist. Die diagonalen Streben, wie sie vor allem das *Alcoa Building* in San Francisco (Abb. 14), das *John Hancock Center* in Chicago und *780 Third Avenue* in New York aufweisen, sind inzwischen zum unverwechselbaren Strukturmerkmal von SOM-Fassaden geworden. Beim *World Trade Center* wiederum sind die äußeren Tragglieder wie lange hohle Stahlrohre angebracht, was dem Bau eine extrem hohe Resistenz gegen Winddruck verleiht.

Einer der ästhetisch geglücktesten und elegantesten Wolkenkratzer der Vereinigten Staaten, Ieoh Ming Peis 60geschossiger und mehrere tausend Tonnen schwerer *John Hancock Tower* in Boston (Farbtaf. 1), ist nach seiner Errichtung in den frühen siebziger Jahren zu einem Modell für technische Unausgereiftheiten geworden. Im nachhinein mußten die enormen Schwankungen reduziert werden, denen der Turm bei Stürmen ausgesetzt war; im 58. Stockwerk wurde für drei Millionen Dollar – ähnlich wie beim *Citicorp* – eine Dämpfungsvorrichtung installiert, die aus 600 Tonnen Blei und Stahl besteht und sich je nach Windlage verschieben läßt. Sehr spät hatte man herausgefunden, daß der Wolkenkratzer jederzeit hätte umfallen können – und zwar nicht auf seine breite Seite, wie der statische Laienverstand bei dem rhomboiden Grundriß vermuten würde, sondern auf die Schmalseite, ähnlich einem nach vorne kippenden Buch. Der Einbau weiterer Stützträger aus Stahl hat die Gefahr zwar minimiert, doch hielt seitdem die berückende Schönheit des Gebäudes nie mehr einer bloß interesselosen Betrachtung stand.

15   Texas Commerce Center, Dallas

In seinem Roman »Skyscraper« hat Robert Byrne 1984 eine fik-
tionale Verarbeitung möglicher Gefahren durch Windschwankun-
gen unternommen: Der Seitenwind auf einen New Yorker Wolkenkratzer wird während eines Sturms so mächtig, daß das Gebäude aus
seinen mit minderwertigem Stahlbeton hergestellten Fundamenten
gerissen wird und auch seinen Erbauer, einen Verrückten, unter sich
begräbt. Solche Katastrophenszenarien besitzen zwar angesichts der
strengen Bauaufsicht und der Computerberechnungen wenig Wahr-
scheinlichkeit, doch bleibt ein Restrisiko, an das keine Baufirma
gerne erinnert wird.

Wie Sonderwünsche des Bauherrn mit der Lösung von Statikpro-
blemen in Einklang gebracht werden können, zeigt das *Texas Commerce Center* in Dallas. Die Firmenleitung beanspruchte für sich
separate kleinere Stockwerke in größerer Anzahl. So setzten Skidmore, Owings & Merrill auf den Schaft zwei Türme von jeweils
sechs Etagen und verbanden sie wieder in der Krone des Bauwerks
(Abb. 15). Das so entstandene Himmelfenster (»sky-window«) von
einer Weite von zehn Metern ist heute einer der originellsten Turm-

abschlüsse der Skyline von Dallas. Die technischen Vorteile liegen auf der Hand: Das Loch fungiert als eine Art Windschleuse, die dem Turm viel an statischer Belastung wegnimmt.

Ab einer gewissen Höhe würde jede Zeitung, die aus dem Fenster eines Wolkenkratzers geworfen wird, nach oben geweht werden. Ähnlich verhält es sich bei sogenannten »up-draughts«, die an Glasfassaden entstehen: Der Regen steigt aufgrund des Druckdifferentials zwischen Innen und Außen in die Höhe, statt zu fallen, oder er schleicht sich in »Tränenlöcher« zwischen der Doppelverglasung ein. So mußten 1952 allein fünftausend Scheiben des *UN Secretariat Building* am East River ersetzt werden. Am spektakulärsten war die technische Panne wiederum beim *John Hancock Tower* in Boston. Bei Herbststürmen sprangen 1972 aus der Glashaut dieses Wolkenkratzers viele Hunderte der 1,3 × 3,3 Meter hohen Scheiben heraus und krachten auf die Straße. Die Ursachen für das Debakel, nach dem eine Fläche von 50 000 Quadratmetern mit über 10 000 Einzelteilen neu eingeglast werden mußte, sind bis heute nicht völlig geklärt. Entweder wurde Material verwendet, das keinem extremen Härtetest unterworfen worden war; oder hauchdünne ultraviolette Streifen an den metallbeschichteten Verglasungen lösten die Dichtungen, so daß die Glasplatten aus ihren Rahmen fielen. Der mit Sperrholzquadraten vernagelte Turm soll nach Augenzeugenberichten einem Riesenbild von Piet Mondrian geglichen haben.

Etwa zur gleichen Zeit hatte der Rost bei dem von 1921 bis 1924 erbauten Chicagoer *Wrigley Building* den Druck auf die Terrakottaverkleidung so sehr verstärkt, daß eine herabfallende Platte einen Passanten erschlug; es dauerte mehrere Jahre, bis Zehntausende der Platten wieder neu befestigt waren. Die Angst, daß ein ganzer Wolkenkratzer die Balance verlieren und auf die umliegenden Straßen stürzen könne, hat nach dem Bau von Yamasakis turmartiger *Rainier National Bank* in Seattle eine Reihe von besorgten Leserbriefen an die lokalen Zeitungen provoziert: Der Schaft des Turms verengt sich nämlich auf der Straßenebene um über die Hälfte, so daß man glauben könnte, das Gebäude stehe auf Zehenspitzen (Abb. 16) – ein

◁　16　Rainier National Bank, Seattle

trotz allem Vertrauen in die moderne Ingenieurskunst für viele ungemütlicher Gedanke!

Megabauten eignet etwas Unkontrollierbares, das im Falle einer Brandkatastrophe das Prinzip der konstruktiven Vervielfältigung ins Gegenteil eines gewaltigen Zerstörungspotentials verkehrt. Ihre quasi-hermetische Abgeschlossenheit macht sie zur Falle, an die keine Feuerleiter heranreicht. Allein schon Kurzschlüsse bei Verkabelungen, eine weggeworfene Zigarette oder Feuer in der Schachtanlage können die Treppen und Lichtschächte mit Rauch füllen und sie in wahre Kaminabzüge verwandeln. Als im Mai 1988 im zwölften Stockwerk des damals höchsten Wolkenkratzers von Los Angeles, dem 62-geschossigen *First Interstate Tower*, ein Feuer ausbrach und sich über fünf Etagen ausbreitete, schien ein Katastrophenfilm wie »Towering Inferno« (»Flammendes Inferno«, 1974) eine beklemmende Aktualität zu erlangen. Löst dort freilich ein gieriger Spekulant das Unglück aus, so sind im Regelfall die Ursachen viel banaler und gerade deshalb so beängstigend. Der Brand in Los Angeles, der einen Toten und neunzig Verletzte forderte, ereignete sich ironischerweise zu jenem Zeitpunkt, als gerade eine Sprinkler-Anlage installiert wurde. Das wohl verheerendste Feuer in einem Wolkenkratzer wütete 1974 im *Joelma Tower* in São Paulo, als 179 Opfer zu beklagen waren.

In einer Sendung der BBC bemerkte der Prince of Wales anläßlich der Vorstellung des Entwurfs von Cesar Pellis *Canary Wharf* in Londons Docklands: »Ich persönlich würde verrückt werden, wenn ich an einem solchen Ort arbeiten müßte. Zuallererst frage ich mich, wie man bei einem Brand herauskommt.«

Schon 1913 hat man ausgerechnet, daß in Teilen von Manhattan kaum für ein Drittel der in den Wolkenkratzern beschäftigten Menschen gleichzeitig Platz auf den umliegenden Straßen sein würde. Dennoch verlief die Evakuierung von Hunderttausenden von Büroangestellten relativ reibungslos, als im Sommer 1990 ein Stromausfall sämtliche Lifts, Telefone und Verkehrsmittel im Wall-Street-Bezirk lahmlegte.

Terminologisch bereitet der Wolkenkratzer den Baubehörden die geringsten Schwierigkeiten: Unter diesen Begriff fällt einfach alles, was höher als zehn Stockwerke ist und mithin die Brandbekämpfung im Innern eines Gebäudes erzwingt. Allein die Brandverhütung hat sehr früh zu technischen Innovationen geführt. So wurden bereits 1854 erste Bodenbalken aus Schweißeisen eingesetzt, die sich aber bei Großbränden ebensowenig wie gußeisernes Gebälk als feuersicher erwiesen. Deshalb entwickelte in den sechziger Jahren des 19. Jahrhunderts George H. Johnson einen feuerbeständigen Hohlziegel, der zur Isolierung diente und auch bei größter Hitzeentwicklung intakt blieb, folglich das Eisen einer geringeren Schmelzgefahr aussetzte. Noch bei den »Kisten« der Moderne ist das Stahlskelett betonummantelt und mit Aluplatten abgedeckt; das bedeutet, daß die metallene Außenhaut die Konstruktion »anzeigt«, aber nicht wirklich darstellt. Heute vermeiden eine dicke Farbschicht und Wasserfüllungen ein Durchbiegen des Stahls bei extremer Hitze.

Öffentliche Alptraumphantasien haben sich immer wieder mit den Folgen eines Einsturzes von Wolkenkratzern durch Erdbeben, Explosionen und verirrte Flugzeuge beziehungsweise mit Sicherheitsgefährdungen bei Geiselnahmen oder Sprengstoffattentaten beschäftigt. Der »Thrill« entsteht gerade aus dem geheimen Zusammenhang zwischen dem Sensationellen des Geschehens und einer Architektur, der das Außergewöhnliche und Maßstabsprengende bereits eingeschrieben ist. Das Unglück droht dort dutzend- oder hundertfach potenziert einzutreffen, wo seine Orte über die gewohnten Dimensionen hinauswachsen und übermenschliche Anstrengungen zur Gefahrabwendung vonnöten sind. Fiktive Darstellungen in Bestsellern und Kinoerfolgen wie auch die stets latente Angst vor einem möglichen Desaster spielen dabei eine weit größere Rolle als die Erfahrung mit wirklichen Katastrophen. Mit einer Ausnahme: Wenn in John Carpenters düsterer Vision »Escape from New York« (»Die Klapperschlange«, 1981) ein Flugzeug an einem Wolkenkratzer inmitten des Ghettogefängnisses von Manhattan zerschellt, weckt diese Szene Erinnerungen an den schwärzesten Tag in der Geschichte des *Empire State Building:* Am 28. Juli 1945 krachte ein B-25-Zwölftonnen-Bomber bei äußerst schlechter Sicht gegen die Nordfassade des Wolkenkratzers auf der Höhe des 75. Stockwerks (Abb. 17). Der Turm schwankte zweimal wie bei einer

17 Beschädigung des Empire State Building durch einen B-25-Bomber, Juli 1945

Erderschütterung, blieb aber mit einem sechs mal sieben Meter großen Loch, doch ohne irgendwelche Statikprobleme, fest im Grund
verankert. Da an jenem Samstagmorgen in den Büros einer katholi-
schen Kriegsfürsorgeorganisation gearbeitet wurde, kamen 14 Menschen ums Leben.

In den erdbebengefährdeten Gebieten des Westens der Vereinigten Staaten ist das Katastrophenszenario auf jenen Tag X hin orientiert, da »the Big One« oder »the Killer Quake« eintrifft. Bislang
haben die Wolkenkratzer in San Francisco und Los Angeles den
Erdstößen mühelos standgehalten. Benutzer des *First Interstate
Tower* in Los Angeles fühlten sich bei einem kräftigeren Beben einzig wie im hinteren Teil eines Lastwagens, als der Turm seitlich
ausschwang. Der Gebrauch von Spannbeton sowie die Versuche,
Hochhäuser auf Stoßdämpfern, riesigen Federn oder Gleitrollen zu
errichten, wurden von Computerberechnungen positiv beurteilt. In
Tokio ruht ein Wolkenkratzer auf hydraulischen Stützen, die fast
die Hälfte der Bodenschwingungen abfedern. Ähnlich wie bei der
Stabilisierung von Bauten bei Orkanböen ist im oberen Teil ein
tonnenschwerer Klotz installiert, der der Schubkraft von Erdstößen
entgegenwirken soll.

Zwar sind telefonische Bombendrohungen in Firmengebäuden relativ häufig, doch herrscht mit einem ständig einsatzbereiten Sicherheitsdienst, mit Video-Überwachungskameras, Peilsendern und Kommandomodulen ein Kontrollsystem, das an die Sicherheitsvorkehrungen militärischer Einrichtungen erinnert. Im Jahr 1976 brachte ein junger Mann in Los Angeles eine Geisel in seine Gewalt, um eine Antiraucher-Botschaft im Radio durchzusetzen. Der Überfall durch eine Gruppe von High-Tech-Gangstern im *Century Plaza Tower* von Los Angeles, wie ihn John McTiernans Film »Die Hard« (»Stirb langsam«, 1989) schildert, wird jedoch einzig als ein Stück Stuntman-Bravour in die Geschichte eingehen; immerhin hat noch kaum je ein Film ein so genaues (und blutiges) Bild der »Eingeweide« eines Wolkenkratzers mit all seinen Fahrstuhlschächten, Entlüftungsrohren und Versorgungstunneln gezeichnet.

Die größte Wolkenkratzerkatastrophe schildert ein im Zeitalter des Feminismus hochgestiegener Alptraum, der in Michael Chabons Roman »Die Geheimnisse von Pittsburgh« prototypisch männliche Ängste wiedergibt:

»›Wir hatten da eine Vision – stell dir dein Wolkenkratzerhotel vor, nun denk dir auch die Stadt rum dazu, denk dir eine ganze Skyline in diesem Stil, groß und Art deco, mit Suchscheinwerfern, den Lichtkegeln von Suchscheinwerfern, die über den Himmel streichen, total konfus und hektisch. Und dann siehst du sie. Im hin und her huschenden Licht der Suchscheinwerfer.‹

›Was soll ich sehen?‹

›Riesenfrauen! Wunderschöne Frauen, so wie Sophia Loren oder Anita Ekberg, nur eben groß wie ein Berg, die mit den Füßen Gebäude zum Einstürzen bringen ...‹« (S. 155 f.)

Die Zeichenhaftigkeit von Wolkenkratzern: Mythos, Symbol, Ikon

Wolkenkratzer finden immer dann als Leistungen der Bau- und Ingenieurskunst Beachtung, wenn ihre praktische Brauchbarkeit als Zweckgebäude zur Diskussion steht. Meist sind sie jedoch mehr als dies, nämlich Zeichen innerhalb einer Vielfalt von Bedeutungsrelationen. Sie können bildhafte Vorstellungen, Werthierarchien und Machtstrukturen ausdrücken. Sie bilden ein imaginäres Potential, das teilhat an den wechselhaften Symbolisierungen unserer Alltagswelt. Als wichtige Bestandteile urbanen Lebens können Wolkenkratzer als »verräumlichtes Sinnbild einer Kultur« fungieren (Sigrid Weigel, in Scherpe/Huyssen 1988, S. 175).

Rem Koolhaas hat Manhattan als eine Art architektonisches Palimpsest beschrieben, auf dessen einzelnen Schichten sich private und kollektive Wünsche überlagern. So wie Träume bestehen auch Städte aus einer Mischung von Sehnsüchten und Ängsten, aus symbolhaft eingekleideten Mitteilungen, die von raumhaft geformten Denk- und Wunschbildern ausgehen. Wolkenkratzer erreichen dabei die vielleicht größte Dichte affektiver Reizdurchflutung. Sicherlich erfüllen sie die unmittelbaren Bedürfnisse der Menschen nach Licht, Luft, Überschaubarkeit und Geborgenheit weit weniger als eine auf humane Maßstäbe begrenzte Architektur; doch existiert eben auch das Bedürfnis nach Bauten, die die Sinne überwältigen und einem den Atem rauben, die hochfliegende Ambitionen ausdrücken und deren Vitalität und Kühnheit herausragende Merkmale urbaner Existenz symbolisieren. Es ist ja keineswegs nur eine sterile, einschüchternde, nötigende Monumentalität, die nach allgemeiner Meinung auch die geglückten Wolkenkratzer kennzeichnet. Vielmehr fordern sie die Sehlust heraus, etwas von ihrer schieren Energie, ihrer Vitalität und der in sie investierten architektonischen Phantasie aufzunehmen.

Weil Megabauten aufgrund der durch sie geschaffenen Probleme keine eigentlich »vernünftige« Architektur darstellen, nehmen sie teil am Chaos aller echten Metropolen, die zum Überleben aber auch besondere Widerstandskräfte entwickeln. Manhattan mag alle zwei Jahrzehnte erneut vor dem Kollaps stehen, und doch pulsiert es vor Leben, das eben auch aus Unordnung und einer Freude an kaum kontrollierten Reizausstrahlungen besteht. Der Eros, schrieb W. H. Auden aus New York, sei der Erbauer von Städten (zit. in Jaye/Watts 1981, S. 88). Auch Roland Barthes bemerkte jene erotische Energie, die von den lustvoll ineinanderübergreifenden Bedeutungen urbaner Zeichen ausgeht.

Daß der Wolkenkratzer in diesem Zeichensystem eine phallisch-hochstrebende Position einnimmt, ist ein vulgärfreudianischer Gemeinplatz. Erstaunlich ist nur, mit welcher Deutlichkeit Louis Sullivan, der renommierteste Hochhausarchitekt des 19. Jahrhunderts, das Klischee bedient, wenn er von einer »virilen Kraft« schwärmt, »einem ganzen Mann ... der Wolkenkratzer singt das Lied von Zeugungskraft« (1947, S. 29f.). Und noch immer unmißverständlich genug rühmt Edwin Avery Park 1927 den Wolkenkratzer als »Symbol eines Aufquellens von schöpferischer Energie, die danach giert, ehrenwerte Hindernisse zu überwinden. Er ist ein Ausdruck unserer sorglosen jugendlichen Vitalität« (zit. in Stern u. a. 1987, S. 589).

Schon um vieles ironischer spricht Gertrude Stein vom Wolkenkratzer als einem Ding »ohne Geheimnis und Komplexität ..., glatt und gerade und schlank und hart und weiß und hoch« (zit. in Jaye/Watts 1981, S. 88). Der stolze Erbauer eines Wolkenkratzers, der seinen Namen trägt, Donald Trump, hat fast krampfhaft demonstriert, wie wirtschaftliche Potenz dem Ego entsprechende Denkmäler zu setzen vermag. Eines davon, die bislang im Planungsstadium verbliebene *Television City*, nannte der Architekturkritiker Michael Sorkin verächtlich »eine über 150stöckige Erektion« (zit. von Carlos Widmann in »Merian« 11/1987, S. 35). Tief in die Erde gepfählt, verkündeten Wolkenkratzer mit puerilem Imponiergehabe: »What a big boy am I!«

Da sich die Alternative nie gestellt hat, ist es auch müßig zu spekulieren, ob »Skyscraper« in der Schaffens-, Denk- und Gefühlswelt von Architektinnen je eine ähnliche Bedeutung erlangt hätten. Bekannt ist einzig ein dekonstruktivistischer Entwurf der Londoner Architektin Zaha Hadid für einen Wolkenkratzer, der wie eine schräge Pfeilspitze horizontal aus einem Felsen oberhalb von Hongkong ragt. Ansonsten lassen jedoch schon sehr frühe Zeugnisse eine direkte Assoziationslinie in der Analogie zwischen kultureller Vitalität, wirtschaftlicher Kraft, baulichem In-die-Höhe-Streben und männlichem Stolz erkennen.

Wolkenkratzer repräsentieren auch eine hochgradig theatralische Architektur, die das spektakulär Bühnenhafte herausstreicht. Es eignet ihnen etwas von einer dramatischen Kulisse, die den Anspruch von Ieoh Ming Pei: »Architektur hat ihre Rolle im Theater des Lebens zu spielen« zu mehr als einer beliebigen Metapher macht. In Amerika spricht man von den offen narzistischen Renommierbauten als von »look-at-me buildings«, die gleich Bühnendekorationen die Bewunderung des Publikums herausfordern wollen. Während des Tagesverlaufs können sie unterschiedlichste Farbschattierungen und Lichttönungen annehmen, so daß sie mal bedrohlich, mal verspielt wirken. Das *Transco Building* im Oak-Park-Viertel von Houston läßt seine kunstvoll verspiegelte Fassade bei Dunkelheit zu einer gleißenden Lichtsäule erhellen; und die *Bank of America Headquarters* in San Francisco weist in der Nachmittagssonne ein leuchtendrotes Streifenmuster auf, das sich später in ein intensives Karmesin verfärbt. Nachts scheint die Spitze des New Yorker *Chrysler Building* nur noch aus lichtweißen Zacken zu bestehen, die in Wirklichkeit von innen angestrahlte Turmfenster in gespitzter Dreiecksform sind (Farbtaf. 10). Die obere Partie des nahen *Empire State Building* verwandelt sich an nationalen Feiertagen oder an Gedenktagen ethnischer, ab 1990 auch sexueller Minoritäten zu einer in den geforderten Farben erstrahlenden Neonparodie seiner ansonsten majestätischen Statur.

Wenn dem Urbanen ohnehin eine besondere Inszenierungsqualität eignet, die die Großstadt zur Bühne für Außergewöhnliches und künstlich Übersteigertes macht, dann verheißen die in den Himmel gereckten Fassaden ein Drama von grandioser Wucht. Wolkenkratzer werden geradewegs zum Synonym für Großstadt, was trefflich in jenem Cartoon von Bernard Schoenbaum für »The New Yorker« zum Ausdruck kommt: Ein festlich gekleidetes Paar blickt bei Champagner durch das panoramisch weite Fenster auf die Kulisse von Manhattan wie auf einen Bühnenprospekt, und die Frau ruft enthusiasmiert aus: »I love it! It says city!« Ganz im Sinne der ›Idee‹ von Stadt, die hier aufscheint, fügt ein Kommentator hinzu: »Mit didaktischer Klarheit wird die essentielle Eigenschaft von Manhattan ausgedrückt, ›the citiest of cities‹«. (Leeuwen 1988, S. 48).

Fast unausräumbare Mißverständnisse entstehen immer dann, wenn die Wolkenkratzarchitektur als Paradigma für politisch-ideologische Denkmuster interpretiert wird. Alexander Mitscherlich sprach von »uniformierten Glasfassaden«, die jede Planung für eine demokratische Freiheit illusorisch machen würden (in Schwarz 1987, S. 74). Der monumentale Gestus von Gebäuden, die den Menschen zwergenhaft unscheinbar erscheinen lassen, ihn buchstäblich erdrücken, dazu das autokratische Machtspiel bei ihrer Planung, das zwischen Firmenklienten, Bauherren, Stararchitekten, Politikern und Banken abläuft: all dies verrät den Anspruch des Autoritären, das zwar neuerdings Bürgerproteste und Einsprüche verstärkt ins Kalkül einbeziehen muß, sich aber stets noch durchzusetzen vermochte, da selbst die »Konzessionen« im voraus eingeplant sind.

Nirgendwo ist die topographische Polarität zwischen den Herrschenden »oben« und den Heloten »unten« am Bild einer hierarchisch gegliederten Hochhausstadt derart expressiv dargestellt worden wie in Fritz Langs »Metropolis« (1925/1926). Lang, den die Skyline von Manhattan zu diesem Film inspirierte, erstellt ein soziales Raumschema, das deutlich totalitäre Züge zeigt: Die Vertikalität des Wolkenkratzers markiert auch die unüberbrückbare Distanz zwischen den Mächtigen, die in den oberen lichten Räumen einer perfekt technologisierten Stadt regieren, und denen, die als Untertagearbeiter ein düsteres »Ornament der Masse« (Siegfried Kracauer) bilden. Es ist bezeichnend, daß der futuristische Alptraum zum idyllischen Sozialkitsch gerät, sobald der Wolkenkratzer als Ort moderner Tyrannei durch die gotische Kathedrale als einem Refugium für soziale Versöhnung abgelöst wird. Im Rückblick wird hier nur jene eklektizistische Verkleidung der Neogotik bestätigt, die hocheffiziente Bürogebäude als Kathedralen tarnte. Langs »Metropolis« erscheint so als gegenutopische Warnung vor jener »gigantischen Stadtmaschine«, wie sie die Futuristen in den zwanziger Jahren nicht ohne apokalyptisch vorgetragenen Technikfetischismus gefordert hatten.

In den Vereinigten Staaten hat man demgegenüber von Anfang an die Wolkenkratzer als genuin demokratische Architekturwerke begrüßt. In Chicago gaben Geschäftsleute von aufrecht pragmatischer Gesinnung Gebäude in Auftrag, die ihrer Vorstellung nach einfach nur funktional und frei von herrschaftlicher Protz- und Imponiersucht sein sollten. Je mehr Mitarbeiter sich unter einem Dach träfen, um so durchlässiger würden, so hoffte man, die Hierarchisierungen nach innen. Eine »demokratische Bauweise« reflektierte nach amerikanischem Verständnis den Ehrgeiz und die Tatkraft des »Selfmade Man«, der unter gleichen oder ähnlichen Bedingungen in einen Wettstreit mit anderen Individuen trat. Die ideale Basis für eine solche Startvoraussetzung bot die Bodenparzellierung in ein »grid system«, also in jenes für viele amerikanische Städte typische Schachbrettmuster, das ein leicht überschaubares, orthogonales Orientierungsraster regelmäßiger Blöcke und Planquadrate bildet; allein in New York gibt es etwa 1500 Blöcke von jeweils circa 30 mal 130 Metern. Diese »Gitter« beinhalten einen weitgehenden Verzicht auf hierarchische oder absichtsvoll privilegierte Perspektiven. Statt der vorbereitenden Staffelung hin zu einem alles überragenden Blickfang, wie ihn die Axialität bei europäischen Repräsentationsbauten erstellt, entstand ein etwas monotones System der Gleichberechtigung, das sich freilich aus der Entfernung doch wieder besondere Sichtdurchlässe und Höhepunkte schafft.

Erst mit den »blockbusters« der sechziger und siebziger Jahre wurde die Grünfläche von Wolkenkratzern über zwei und mehr Straßenzüge erweitert, indem sie in riesige versenkte Plazas gestellt wurden, die die Quadranten wie europäische Plätze aufbrachen. In einer Stadt wie Houston, wo baulich ein von den Genehmigungsbehörden sanktionierter Wildwuchs herrscht, sind die Wolkenkratzer auf in sich abgeschlossenen »Inseln« postiert, wo sie in ihrer Sucht nach Originalität eine bizarre Melange aus den unterschiedlichsten Stilen ergeben. Und doch schließen auch sie sich vom entfernteren Highway aus betrachtet zu einer plastischen Formation zusammen, die die eigensinnige Vielfalt der Bauformen in einer prägnanten Skyline harmonisiert.

Wolkenkratzer werden in nüchternen Vorstandsetagen und Architekturbüros konzipiert, doch entwickeln sie später auch ein Eigenleben in unseren Vorstellungen, Träumen und Sehnsüchten. Die rationale Kritik an ihrer Unwirtlichkeit und inhumanen Maßstäblichkeit ist einleuchtend und greift dennoch zu kurz, da der Blick einer solchen Kritik immer nur aus unmittelbarer Straßennähe auf die ungeschönte Realität von Beton, verstopften Straßen und Baugruben fällt. Darüber hinaus aber besitzen Wolkenkratzer eine expressive Qualität als bildhafte Zeichen, als ikonographische Idealisierungen. In solchen Zeichen ist all das entfernt, was von ihren positiv besetzten Eigenschaften ablenken und in der Abstrahierung auf das Wesentliche ihrer »Idee« stören könnte. So wie sie in unserer Phantasie, in der populären Mythologie von Filmen, auf Gemälden und auch Fotos und nicht zuletzt in der Werbung existieren, wecken Wolkenkratzer eine Vielfalt von gleichzeitigen, diffusen Assoziationen: kosmopolitische Größe, Inszenierung von Glamour, Macht und Reichtum, materielle Fülle, hochragender Stolz, Geltungsdrang, Kostbarkeit, ein Hinauswachsen über die dem Menschen gesteckten Grenzen. Sie sind steinerne oder gläserne Erfüllungen des libidinösen Verlangens nach Energie, Glanz und Kraft, und sie projizieren ein optimistisches Vertrauen in die Zukunft, indem sie die von der Gegenwart aufgegebenen Beschränkungen zu überwinden trachten.

Schon seit langem bedient sich die Werbung des Wolkenkratzer-Signals, um eine semantische Verbindung mit dem Superlativischen, dem buchstäblich Überragenden, auch dem unbezahlbar Wertvollen herzustellen. Eine Kreditkarte in exklusivem Gold erstrahlt im selben Glanz wie die in Goldlicht getauchte Spitze des *Chrysler Building,* und die Packungen der »Benson & Hedges«-Zigaretten wecken mit der Unterschrift »Discover Gold« (Abb. 18) Assoziationen an die Türme des *World Trade Center* im Abendlicht. Die Wolkenkratzer sind hier zu Objekten des Begehrens geworden, zu wunderschönen Hüllen, die Luxus und Überfluß verheißen. Sie besitzen eine Aura, die pseudosakrale Würde mit weltlicher Majestät verbindet. Vielleicht ist dies das unausgesprochene Geheimnis des Reklameerfolgs: Kaum ein anderer Gebäudetyp zwingt Spiritualität und materielle Gesinnung derart zusammen, bis ein Glanz von Ewigkeit noch auf das profanste Industrieprodukt fällt.

Wolkenkratzer werden nicht nur für Werbung benutzt, sie stellen bereits ein Stück Werbung dar, indem fast jeder von ihnen als sogenannter »publicity-getter« geplant ist. Man hat sie auch als »super-billboards«, als Riesenreklametafeln, bezeichnet, die vom Prestige des Bauherrn künden und seinen Geschmack zur öffentlichen Ange-

Discover gold

18   Benson & Hedges-Werbung mit dem World Trade Center, New York

legenheit machen. Pierre Bourdieu spricht in diesem Zusammenhang von einem »symbolischen Kapital«, das eingesetzt wird, um
den Status des Besitzers zu bekräftigen beziehungsweise seinen
»guten Namen« mit dem der Firma und des Produkts in Einklang zu
bringen (zit. in Harvey 1989, S. 77).

Innerhalb derartiger Marketing-Strategien stellen Wolkenkratzer
»Signaturen« dar, weshalb man auch von »signature buildings«
spricht, die in ihrer Reduktion auf möglichst einmalige Besonder-

heiten als unverwechselbare Embleme oder als Logos gelesen werden können. Ein Konzern schafft sich damit die Möglichkeit, seine Identität (»corporate identity«) in einem Bauwerk festzuschreiben und überdies eine Identifikation mit dem jeweiligen Standort herzustellen.

Schon das *Fuller Building* (1902), wegen seiner Bügeleisenform besser bekannt als *Flatiron Building*, eignete sich als einprägsames Werbeemblem für seine Auftraggeber. Der Verlag McGraw-Hill hat gar sein Signum in sogenannten Broadway-Lettern auf der Breitseite der Dachkrone herausgestellt, um mit diesem »sky-sign« eine wirksame, kostenlose und gleichsam auf Dauer angelegte Außenreklame zu machen.

Die beste Werbung freilich war die Teilnahme am Höhenwettbewerb, wie die »New York Times« 1934 feststellte: »Ein großer Teil des Ertrags lag vermutlich in dem, was ein Wolkenkratzer als Reklame einbrachte. Für diesen Zweck jedoch mußte er mehr als nur hoch sein, mußte er höher und am höchsten sein. Die Menschen errichteten keine hohen Gebäude, sondern höhere Gebäude, vermutlich, daß die Welt auf sie schaute und über sie redete, und nur in zweiter Linie, daß sich auch Menschen darin aufhielten.« (Zit. in Stern u. a. 1987, S. 603)

Natürlich verdankte sich der enorme Autoboom in den zwanziger und dreißiger Jahren vor allem dem Expansionsdrang der Städte und dem Ausbau der Verkehrswege, doch wenn die Chrysler Corporation eine herausragende Bedeutung im öffentlichen Bewußtsein erlangte, was Industriedesign und Eleganz der Formgebung anging, so eben auch wegen ihres imagebildenden Wolkenkratzers, der dem Namen Chrysler zusätzlich zu Klang verhalf.

Wie das *Chrysler Building* mit seinen dekorativen Referenzen an das Fahrgestell eines Autos identifizierbare Elemente zum Produkt des Konzerns aufwies, erinnerte das *Daily News Building* an einen Packen hochkant gestellter Zeitungen. Das *General Electric Building* wiederum weist an der Fassade elektrisch vibrierende Nadeln auf, während von seiner Krone vergoldete Radiowellen ausstrahlen (Farbtaf. 8).

Die Spitze des *Emerson Building* in Baltimore (1911), erbaut nach dem Vorbild des florentinischen Palazzo Vecchio, bildet das 17

Tonnen schwere und 17 Meter hohe Faksimile einer Bromoseltzer-Flasche für (damals) zehn Cent, das nachts über 30 Kilometer hinweg sichtbar war, wenn im Inneren der Flasche 60 elektrische Lampen aufleuchteten (Abb. 19). Diese Form des allzu direkten architektonischen Marketing hat ihre Tücken in der Lächerlichkeit des Bezugs – weniger in der generellen Verknüpfung von Kommerz und Kunst, die in den Vereinigten Staaten seit jeher unbefangener gesehen wurde. Als deshalb im Anbau des Chicagoer *Board of Trade Building* eine gestufte Kaskade die Wände der Lobby herabstürzen sollte, sahen die seriösen Herren der Handelskammer eine allzu auffällige Formaffinität zu einer Registrierkasse – dies hätte das »symbolische Kapital« der Imagepflege in eine negative Symbolisierung des echten Kapitals verkehrt. (Siehe »Esquire« 7/1988, S. 19).

Aus ähnlichen Gründen überzeugt die Schlußfolgerung von Sally Chappell, warum das Chicagoer *Wrigley Building* nur selten für Produktwerbung (Wrigley-Kaugummi) eingesetzt wurde: Die Assoziationskette sollte einen Umweg nehmen von der makellos weißen Fassade über ein makellos geführtes Unternehmen hin zu jenen anfangs der dreißiger Jahre überaus gängigen »Smile America«-Bildern von makellos glücklichen Familien, die ihr Glück dem weißen Schmelz ihrer Zähne verdankten (Zukowsky, Hrsg., 1987, S. 303). Entfiel hingegen diese etwas umständliche, doch plausible Verbindungskette, konnte um so respektloser von einer »Chewing Gum Renaissance« (Kaugummi-Renaissance) gesprochen werden, die sich im Stil dieses Gebäudes manifestierte.

Von Frank W. Woolworth wiederum glaubt man zu wissen, daß er mit dem Bau des für lange Zeit prächtigsten Wolkenkratzers im südlichen Manhattan einen Gegenpol zum Image seiner Billigläden errichten wollte. Sein ausgeprägter Napoleon-Komplex, der ihn sein Büro wie den kaiserlichen Empfangsraum in Compiègne einrichten ließ, verlangte geradezu nach einem Beweis von Größe, der sich im Rückgriff auf ehrwürdige mittelalterliche Stilvorbilder niederschlug. Nicht ganz nebensächlich erscheint in diesem Zusammenhang die Tatsache, daß Woolworth die Baukosten von 13 Millionen Dollar bis auf den Cent bar bezahlte, was ihn nicht nur als Mann von Kultur, sondern auch von geschäftlicher Seriosität und einwandfreier Zahlungsmoral auswies.

Klientennamen wie die der Whiskyfirma Seagram, der Telefongesellschaft AT & T, des texanischen Pennzoil-Unternehmens oder der Transamerica Corporation (Abb. 20) haben durch klingende Architektennamen und ein aufsehenerregendes Wolkenkratzer-

20   Signet der Transamerica Corporation, San Francisco

21   Spitze des Library Tower, Los Angeles

22   Portal des AT & T Building, New York

design außerordentlich profitable Symbolisierungen von Macht und Unternehmungsgeist geschaffen. In der Postmoderne sind »signature buildings« zur Regel geworden, was die Signaturen denn auch immer ausgefallener und extravaganter erscheinen läßt: Vom gigantischen Portal (Abb. 22) und der die Straßenebene konsumistisch erobernden Lobby mit ihren Läden und Restaurants bis zur »einmaligen« Form des Giebels (Abb. 21) ist alles auf Unverwechselbarkeit hin angelegt – und gleicht sich doch immer mehr.

Gerald Hines, der als Bauherr einige der spektakulärsten Wolkenkratzer in Houston und San Francisco verantwortet, sieht eine direkte Abhängigkeit zwischen dem architektonischen Statuswert eines Bauwerks und seinem langfristigen Investitionswert, über die heute mehr denn je auch ›kulturelle‹ Profilierungen entscheiden. Das höchste Gebäude der Stadt habe sicherlich einen beträchtlichen zeitweiligen Vorteil, doch ein ästhetisch auffälliges Gebäude bürge für noch permanenteren Nutzen im Sinne effizienter Selbstdarstellung. Wie Hines errechnet hat, belaufen sich Konstruktions- und Baukosten von Bürogebäuden mit einer »gut verkäuflichen Präsenz« auf nur zehn bis zwanzig Prozent mehr als die für eine »anonyme Kiste«. Die wechselnden Stile in der Geschichte des Wolkenkratzers sind sicher ein Indikator für das Selbstverständnis der Bauherren und die sich wandelnden Bedürfnisse der Unternehmen nach symbolischer Repräsentation; doch bleiben diese Faktoren eingebunden in eine ausgeklügelte Kosten-Nutzen-Rechnung, in der die Ästhetik heutzutage keineswegs den geringsten Posten darstellt.

Babylon und Himmelskathedrale

Die ersten amerikanischen Wolkenkratzer versprachen die Einlösung einer jahrtausendealten Utopie unter den Bedingungen der Neuen Welt. Als der Chicagoer Architekt William Le Baron Jenney das *Home Insurance Building* entwarf, ein aus heutiger Sicht mittleres Bürohochhaus, soll er voll Stolz behauptet haben, »daß wir in die Höhe bauen, um mit dem Turm von Babel zu wetteifern« (Leeuwen

23   Pieter Brueghel d. Ä., Der Turmbau zu Babel

1988, S. 52). Der Traum von einem in den Himmel ragenden Turm ist so alt wie die Menschheit und hat in der biblischen Geschichte vom Turmbau zu Babel seinen archetypischen Ausdruck gefunden: »Auf, bauen wir uns eine Stadt und einen Turm mit einer Spitze bis zum Himmel, und machen wir uns damit einen Namen, dann werden wir uns nicht über die ganze Erde zerstreuen.« (1 Mos 11,4) Bekanntlich hat der Herr die Sprache des Volkes verwirrt und es tatsächlich in alle Länder zerstreut. Was läge für die populäre Mythologie Amerikas näher als die Deutung, Menschen aus den unterschiedlichsten Nationen hätten sich zusammengefunden, um das unterbrochene Werk zu vollenden? Die apokalyptischen Bezüge des Vorbilds, das mit Chaos, Sünde und Kommunikationslosigkeit assoziiert ist, werden beim »Neuen Babylon« optimistisch in die Hoffnungen der Neuen Welt umgedeutet: Babylon wurde zu Jerusalem.

Der Vergleich mit Babel wurde im Lauf der Zeit immer mehr konventionalisiert und auf eine spezifisch amerikanische Utopie der Überwindung von alten Grenzen bezogen. Nach Herodot besaß der babylonische Turm eine Höhe von 192 Metern; er galt als himmelstürmendes Dementi der Gesetze der Schwerkraft und menschlicher Beschränkungen – freilich auch als Exempel für Hybris und Anmaßung. Seine Tektonik reicht auf vielen Abbildungen – so auch bei Pieter Brueghel d. Ä. (Abb. 23) – durch die Wolken hindurch in den göttlichen Himmel, als Sinnbild des fortwährenden menschlichen Strebens, zwischen sich und dem Unendlichen eine Brücke zu schlagen und ein weithin sichtbares Zeichen für den optimistischen Glauben an die Machbarkeit des Unmöglichen zu setzen.

Mehr noch als ein Turm war das Bauwerk von Babel eine in die Höhe gebaute Stadt, die aus einem massiven Unterbau und sieben sich nach oben hin verjüngenden Stufentürmen bestand; um sie her-

24   Die Geschlechtertürme von San Gimignano

um führte eine Treppe. Die mit einer Tempelkrone endenden Rücksprünge bildeten die Form von treppenförmigen Abstufungen, eine Zikkurat, und es gehört zu den Ironien der Wolkenkratzer-Baugeschichte, daß ausgerechnet die Pragmatik von Bauvorschriften die Morphologie des Turms von Babel in ganz New York aktualisierte.

»In der Technik«, schreibt Joseph Lux in seiner 1910 erschienenen »Ingenieur-Ästhetik«, »geschieht nichts, was nicht vorher schon als Traum, als Dichtung, als Utopie dagewesen ist.« (Zit. in Leeuwen 1988, S. 5) Freilich werden Utopien nicht schon deshalb verwirklicht, weil sie machbar geworden sind. Mentalitätsgeschichtlich müssen zumindest einige Grundlagen gegeben sein, die utopische Einlösungen auch wünschenswert erscheinen lassen. Als anläßlich der Einhundertjahrfeier der amerikanischen Unabhängigkeitserklärung Erastus Salysbury Field 1876 sein »Historical Monument of the American Republic« malte, entwarf er bezeichnenderweise ein turmreiches neues Babylon, das geradezu dazu auffordert, die Grenzen des Vertrauten zu verlassen und das Unbekannte zu erforschen. Was sich bei der horizontalen Landnahme im Ruf »Go West!« ausdrückte, das sollte im vertikalen Sinne nur eine Variante des abenteuerlichen Pioniergeistes sein, den Jahrzehnte später Colonel William A. Starrett mit geradezu klassischen Worten umschrieb: Wolkenkratzer seien die positive Antwort auf das resignative »Es geht nicht« – »Warum nicht?« (Leeuwen 1988, S. 5)

Im Wolkenkratzer treffen sich zwei Tendenzen, die den amerikanischen Erfolgsmythos erst begründen: Kaum ein Gebäudetyp führt materialistische Gesinnung und Spiritualität derart eng zusammen, kaum einer ist ein solch sinnbildhaftes Zeichen dafür, daß dem geschäftlich Tüchtigen der Weg nach ganz oben offensteht. Das Reich des Himmels muß nicht erst zu Erden kommen, auch von der Erde aus lassen sich Konstruktionen errichten, die wie eine Leiter zum Himmel führen! Der irdische Materialismus des Big Business steht also nicht in einem unerklärlichen Widerspruch zum metaphysischen Idealismus, wie er den Wunsch nach »Erhöhung« auszeichnet; vielmehr schlagen gerade umgekehrt im Wolkenkratzer dessen materielle Entstehungsvoraussetzungen in eine allen sichtbare Präsenz um. Die Realisierung der Utopie bedingt es geradezu, daß technische Pragmatik und uralte Träume, robuste Geschäftstüchtigkeit und poetische Imagination auf höchst paradoxe und doch auch plausible Weise zusammenfinden.

Die realisierte Utopie kann freilich unter diesen Umständen nur noch im Werbeslogan, dem auftrumpfenden Superlativ oder dem klischierten Vergleich zur Sprache gebracht werden. Als Paul Bourget 1893 im südlichen Manhattan spazierenging, konnte er angesichts des Ensembles der Gebäude noch jenen grandiosen Zauber verspüren, den die Erinnerung an Babylon auslöst (Bourget 1895, I, S. 39). Nur wenig später gab es kaum mehr Wolkenkratzer, die nicht in stereotyper Wiederholung für sich reklamierten, der alte Traum sei die Wirklichkeit von heute geworden. Schon lange vor dem *Empire State Building* beanspruchte die Neue Welt das achte Weltwunder für sich: Babylonische Hängegärten, aztekische Treppungen, mesopotamische Zikkurats oder ägyptische Pyramiden unterstrichen auch morphologisch den Anschluß an heroische Zeiten. Freilich mit unterschiedlichem Erfolg: Wie eine Karikatur antiker Bauformen mutet es an, wenn die hängenden Gärten der geschichtlichen Überlieferung von Donald Trump mit einundzwanzig Birnenbäumen auf den Terrassenstufen seines gläsernen Wolkenkratzers beschworen werden. Das *Texaco Heritage Plaza* schließlich, das letzte vor dem abrupten Ende des Ölbooms im Zentrum von Houston errichtete Hochhaus, kann auf ein trauriges Schicksal als ein Stück Fassadenkunst zurückblicken, das mangels Mietern wie ein modernes Pyramidengrab über den freundlichen Sam Houston Park grüßt: »Babylon Revisited« (Farbtaf. 21). Und schon reichlich hohl klingt angesichts der technischen Reproduzierbarkeit von Babel jene 1955 von Philip Johnson (1982, S. 49) aufgestellte Forderung: »Es ist Aufgabe meiner Generation, Denkmäler zu schaffen, die wie die Bauten *anderer Goldener Zeitalter* (sic!) – Ägypten, Rom, Byzanz – als Signale in die Zukunft wirken, als physische Zeugnisse unserer Zeit und unseres Jahrhunderts.«

Gerade Bautypen, die Rekordmarken aufstellen, provozieren die Frage, welches ihre historischen Entwurfsmodelle und welches ihre ersten konkreten Verwirklichungen sind. Daß besonders seit der Renaissance ideale Stadtpläne entworfen wurden, in deren geometrischer Hierarchie des Radial- und Quadrantensystems ein zentraler Turmbau im Mittelpunkt stand, gehört zur langen Historie urbaner Visionen. Beim französischen Revolutionsarchitekten Étienne-Louis Boullée wiederum fungiert der kegelförmige Turm als Ort einer mächtigen Versöhnung, wenn sich um ihn ein spiralenes Ornament von sich händereichenden Figuren rankt. Doch sind das Modelle, die mit dem utopischen Staatsroman und mit revolutionärem Pathos mehr zu tun haben als mit der modernen Wolkenkratzerwirklichkeit. An diese gemahnt am ehesten noch die mittelalterliche »Skyline« des toskanischen Ortes San Gimignano (Abb. 24). Dem deutschen Historiker Karl Lamprecht fiel bei einem Besuch in Manhattan 1904 die frappante Ähnlichkeit der Turmanordnung auf, wobei er auch deren soziale Statusrolle hervorhob: Mit jedem der über vierzig Geschlechtertürme von San Gimignano festigten im 14. Jahrhundert die zum Teil verfeindeten Adelsfamilien Einfluß und Machtposition und stellten sie deutlich sichtbar aus. Sie setzten damit buchstäblich ein Zeichen sowohl nach innen als auch nach außen und errichteten darüber hinaus Verteidigungsbastionen für die darunter gelegenen Paläste – heutzutage gewöhnlich die Banken im Basisbereich.

Trotz dieser Vorbilder wäre es falsch, ein historisches Kontinuum vom Mittelalter bis heute behaupten zu wollen. Wolkenkratzer haben als etablierter Bautyp nicht nur von den Vereinigten Staaten aus ihre Entwicklung genommen, sondern sie haben auch Wertbegriffe und Ambitionen der amerikanischen Gesellschaft zum vollendeten architektonischen Ausdruck gebracht. William A. Starrett, der 1928 eine erste umfangreiche Geschichte des Wolkenkratzers schrieb, nennt ihn »eine vollständig amerikanische Schöpfung ... Er ist auf ganz wesentliche und komplette Weise amerikanisch, indem er alles, was vorher unternommen wurde, an Umfang, Schnelligkeit, Nützlichkeit und Wirtschaftlichkeit übertrifft, so daß er das Leben und die Zivilisation Amerikas ideal verkörpert und sogar der Eckstein und bleibende Ort amerikanischen Fortschritts geworden ist.« (1928, S. 1)

Wenn Architektur auch bedeutet, daß der bebaute Raum auf eine künstlerische und kulturelle Identität hin definiert wird, so beinhaltet der Wolkenkratzer in der Tat eine spezifisch amerikanische Lösung: In ihm wird der Glaube an Technologie und Fortschritt mit den Erfordernissen der Geschäftswelt und einem gehörigen Schuß Idealismus verbunden. John Wellborn Root, ein bedeutender Chicagoer Hochhausarchitekt, betrachtete es als einen Glücksfall, daß Amerika unbelasteter von nationalen Bautraditionen war als Europa – damit auch freier, seine eigene Architektur zu entwickeln. »Unsere Kirchen, unsere Gerichtsgebäude, Bibliotheken, Museen und Banken«, schreibt Claude Bragdon, »sind meist uninspirierte Nachbildungen von verbrauchten europäischen Idealen, doch der Wolkenkratzer ist ein *natürliches Gewächs* und ein Symbol des amerikanischen Geistes in seiner einleuchtendsten Form – jener harten, ruhelosen, zuversichtlichen Tatkraft, die freudig verkündet: ›What a great boy am I!‹.« (1932, S. 25)

Die Abkehr von den europäischen Traditionsmodellen überzeugt freilich nur so lange, als der Wolkenkratzer von seinem Anspruch und von seiner Zweckbestimmung her definiert wird: nämlich als neues Beispiel für eine architektonische Monumentaltypologie, die nicht mehr den Anspruch staatlicher oder kirchlicher Macht ausdrückt, sondern die hochfliegenden Aspirationen von Privatpersonen und der privaten Wirtschaft. Wenn Philip Johnson davon spricht, daß die »amerikanische Megalomanie« weitgehend für das Entstehen der Hochhaus-Schule verantwortlich sei (1982, S. 34), und wenn Starrett glaubt, die Amerikaner würden eben gerne alles nur in riesigen Größenmaßstäben wahrnehmen (1928, S. 74), dann liegen beide mit ihrer völkerpsychologischen Erklärung ebenso richtig wie falsch: Unter besonderen historischen und bautechnischen Konstellationen wurden architektonische Möglichkeiten geschaffen, die es privaten Bauherren erlaubten, den mächtigen Repräsentationsgestus von horizontalen Bauten gleichsam in die Höhe zu kippen, um so Platz zu schaffen und den Aufstieg ihrer Unternehmen auch symbolisch zu dokumentieren. Nicht die Megalomanie für sich ist bemerkenswert, sondern daß sie unter dem Vorzeichen privatwirtschaftlicher Chancengleichheit als Höhenwettstreit von frei miteinander konkurrierenden Bauträgern auftrat.

Daß europäische Ingenieure zumindest das Terrain für die technische Realisierbarkeit von Wolkenkratzern geschaffen haben, ist heute unumstritten. Die Chance, zumindest ›stilistisch‹ eine genuin amerikanische Architektur zu begründen, wurde mit den Bauten der frühen Chicagoer Schule eingelöst. Doch darf darüber nicht vergessen werden, daß gerade das, was als eigenständiges nationales Architekturidiom gedacht war, sich in Wirklichkeit oft genug als hochgradig eklektisch und von europäischen Modellen beeinflußt erwies. Die amerikanische Prototypik erwuchs paradoxerweise gerade aus der stilassimilatorischen Unbekümmertheit, mit der Rückgriffe auf historische Vorbilder vorgenommen und auch wieder überwunden wurden. Es gab Phasen in der Baugeschichte – eine davon wird am Beispiel des »Chicago-Tribune-Wettbewerbs« genauer beleuchtet werden –, in denen die Europäer »amerikanischer« und die Amerikaner »europäischer« bauten; und in anderen Fällen wiederum erwies sich die gemeinhin mit amerikanischem Selbstbewußtsein assoziierte Abkehr von der Last der Tradition als europäischer Export. Auch in der Architektur der Wolkenkratzer existiert demnach eine Dialektik, die alle vorschnellen Kategorisierungen fragwürdig macht.

Die wohl sinnfälligste Entsprechung zu spezifisch amerikanischen Denkweisen innerhalb des Geschäftslebens liefert das Wetteifern im Brechen von Rekorden. Man kann darin harte ökonomische Konkurrenz, aber auch einen eher unschuldigen Glauben an die Einheit von Superlativ und Fortschritt erkennen. »Die Phantasie der Menschen ist offensichtlich fasziniert von der Höhe als solcher«, schrieb Hugh Ferriss (1929, S. 64), dessen Kohlezeichnungen von Wolkenkratzern in den zwanziger Jahren stilbildend wurden, »ein sechzigstöckiger Turm in New York zieht einen siebzigstöckigen Turm in Chicago nach sich. Was noch schwerer wiegt, ein sechziggeschossiger Turm in New York zieht einen siebziggeschossigen direkt gegenüber nach sich.«

Dieser Behauptungskampf, der nach immer neuen Rekorden verlangt, ist an jenen eher sportlichen Höhenmessungen abzulesen, die sich immer neue Vergleichsmaßstäbe schaffen, um wenigstens einen Superlativ davonzutragen: Welches ist der größte Wolkenkratzer der Stadt, der Nation, der Welt? Welches der größte außerhalb von New York und Chicago, der höchste westlich von Dallas? Welches ist der höchste Campanile, die mächtigste Kiste, derjenige mit der größten Geschoßfläche?

25 Masonic and Women's Temple, Chicago

Nicht zufällig traten New York und Chicago in einen bis heute andauernden Wettbewerb, bei dem die Stadt am Lake Michigan immer wieder das Stigma der »second city« (der zweiten, aber auch »zweitrangigen« Stadt) abzustreifen versuchte. Nach dem New Yorker *Pulitzer Building* (1892) war der zweiundzwanzigstöckige,

1892 im neuromanischen Stil erbaute *Masonic and Women's Temple* in Chicago (Abb. 25) der höchste Wolkenkratzer der Welt. 1908 ging die Palme wieder nach New York, diesmal für viele Jahrzehnte: zuerst an das *Singer Building,* dann an den 214 Meter hohen *Metropolitan Life Insurance Tower* und schließlich an das 260 Meter hohe *Woolworth Building,* das den Rekord über 17 Jahre lang hielt.

Selbst unter den einzelnen Branchen entbrannte ein oft kurioser Wettstreit, so unter den nahe der New Yorker City Hall angesiedelten Zeitungsverlagen in der »Newspaper Row«: Als das *Pulitzer Building* allen anderen die Schau zu stehlen drohte, entfernten die »Tribune« und die »New York Times« einfach die Kronen ihrer Bauten, gaben ein paar Stockwerke hinzu und setzten sie wieder oben drauf! 1929/1930 entbrannte zwischen dem *Bank of the Manhattan Company Building* (40 Wall Street) und dem *Chrysler Building* ein erbitterter Wettkampf, der noch dadurch verschärft wurde, daß die Architekten H. Craig Severance (Bank) und William Van Alen (Chrysler) erst kurz zuvor ihre Partnerschaft aufgekündigt hatten. Um dem Rivalen auf jeden Fall voraus zu sein, war Severance im Planungsstadium sogar bereit, seinen Bau mit einer Laterne und einem riesigen Fahnenmast aufzustocken. Van Alen wiederum ließ im Inneren seines Turms (in der Mitte des 65. Geschosses) gewaltige Stahlplatten zu einer 27 Tonnen schweren Spitze montieren, die er so lange versteckt hielt, bis der sich in Sicherheit wiegende Konkurrent sein Bauwerk zur Eröffnung freigegeben hatte. Es muß ein surreales Schauspiel gewesen sein, als sich die Spitze wie in einem Zeitraffer-Trickfilm binnen 90 Minuten aus dem Schaft ins Freie erhob, ein Lehrbeispiel für zeitliche Beschleunigung im Zeichen fieberhaften Wettbewerbs. Gegenüber früheren Entwürfen, die einen eher hauben- und pagodenförmigen Aufsatz vorsahen, bedeutete die elegant hochragende Spitze im übrigen auch die ästhetisch befriedigendste Lösung.

Der Chrysler-Rekord war nur ein kurzes Intermezzo in einem Wettlauf, der vom *Empire State Building* (Abb. 26) mit autoritativer Geste beendet wurde. Bedingt durch die Weltwirtschaftskrise sowie

26   Empire State Building, New York ▷

durch Krieg und Nachkriegszeit war es vierzig Jahre lang unangefochten der Titan unter den Wolkenkratzern, ein Bauwerk von symbolhafter Repräsentationskraft. Das Gebäude, das diesen Rekord eines Tages brechen sollte, mußte – darin war man sich lange Zeit einig – auf ähnliche Weise die Phantasie beflügeln und gleichsam ein »urbanes Manifest« der Gegenwart darstellen. Die Zwillingstürme des *World Trade Center* (1972) waren in der Tat ein Triumph – doch nach Meinung vieler ein Triumph der Phantasielosigkeit und der leeren Geste. Wenn sie durch die Macht der Gewohnheit inzwischen ihren festen Platz in der Skyline von New York beanspruchen – gleich minimalistischen Skulpturen, die von Süden aus den Reigen der Wolkenkratzer eröffnen –, so fehlt ihnen doch jegliche emotionale Ausstrahlung.

Zwei Jahre nach dem *World Trade Center* zog Chicago mit dem *Sears Tower* nach, der mit 443 Metern bis heute den Rekord des höchsten Bürohochhauses hält: ein Bündel aus neun rechteckigen Rohren, die in unterschiedlichen Höhen zusammengespannt sind und deren asymmetrische Rückstufungen das Auge fast automatisch in die Höhe schweifen lassen, bis es an der Spitze einen Ruhepunkt findet (Abb. 27). Freilich teilt der Turm eine Schwäche vieler ähnlich gigantischer Renommierbauten: Die travertinverkleidete Basis könnte kaum einfalls- und gesichtsloser sein, und auch die Lobby besitzt den Charme eines anonymen Einkaufszentrums. Seither werden neue Rekorde vornehmlich in der Planung aufgestellt: *Television City* in New York; ein siebenhundert Meter hohes *World Trade Center* in Chicago; ein erst im neuen Jahrtausend zu vollendender Megaturm in Houston; ein zwei Kilometer hohes Ungetüm in Japan ...

Da außer New York und Chicago auch andere Städte an diesem Spiel mit den Superlativen teilhaben wollten, wurden ständig neue Vergleichskombinationen gefunden: Der 1910 errichtete *Smith Tower* in Seattle war zu seiner Zeit der höchste Campanile westlich von Chicago; Cass Gilberts *Union Central Life Assurance Building* in Cincinnati (1913) hielt gar den Rekord, der größte Wolkenkratzer

◁　27　Sears Tower, Chicago

außerhalb New Yorks zu sein, bevor der Titel wie ein Wanderpokal auch an andere Städte wie Cleveland und Boston ging. Das 1971 erbaute *One Shell Plaza* in Houston schlug alle Bauwerke »westlich des Mississippi«, dürfte in dieser Beziehung aber inzwischen von Peis fünfundsiebzigstöckigem *Texas Commerce Center,* ebenfalls in Houston, und dem *First Interstate Tower* in Los Angeles abgelöst worden sein. Die Angaben sind nicht immer absolut zuverlässig, sobald sie von interessierter Seite kommen, geht es doch jedesmal um »corporate dominance«, das heißt um die angestrebte Vorherrschaft eines Unternehmens über die Stadt und ihre Skyline, ja sogar über eine ganze Region, der eine Identifikation mit dem alles überragenden »Superturm« angetragen wird.

In früheren Zeiten kam den Kirchtürmen eine symbolische Zeichenhaftigkeit zu, die derjenigen von Wolkenkratzern nicht unähnlich war: Sakrale Bauwerke erheben einen spirituellen Anspruch der Vermittlung zwischen Himmel und Erde, sie demonstrieren an der Basis die weltliche Macht der Kirche und an der Spitze das Verlangen nach der Nähe zu Gott. Ihre Profile zeichnen sich gegen den Himmel ab, wobei der Begriff »Skyline« traditionell jene allein von den Kirchtürmen durchbrochene Linie zwischen der irdischen Sphäre und dem Reich Gottes beschrieb.

Weil die Symbolkraft einer architektonisch bewirkten Transzendenz auch noch in einer mehr und mehr verweltlichten Gesellschaft nachwirkte, schrieb etwa der Londoner »Building Act« von 1888 vor, daß Bauten im Umkreis von St. Paul's Cathedral auf die Höhe von entweder knapp 30 Metern oder das Breitenmaß der jeweils angrenzenden Straße beschränkt bleiben mußten; ausgenommen waren davon einzig die Türme anderer Kirchen. Wenn inzwischen der 183 Meter hohe *Nat(ional) West(minster Bank) Tower* (Farbtaf. 19), über Jahre Europas höchstes Bürohaus, St. Paul's beträchtlich überragt, so wird hier visuell sinnfällig, was seit langem gilt: daß nämlich die City of London als kommerzielle Enklave ihre einstmalige Bedeutung als ein von der Kirche beherrschter Bereich verloren hat; daran werden auch die Polemik des Prince of Wales und sein Kampf für einen Status quo ante wenig ändern. Immerhin: Entscheidungen, ob sich Wolkenkratzer über Kirchtürme erheben dürfen, hängen in Europa immer noch weitgehend vom Selbstverständnis der jeweiligen Stadt ab. Während Frankfurt sich als Zentrale von Kapital und Handel begreift und das auch an seiner Skyline ablesen lassen möchte, sollen in München nach Beschluß des Stadtrates »die Domtürme das Höchste bleiben« und die »Erhaltung der Sichtbeziehung zu den Türmen der Frauenkirche« Vorrang besitzen (Süddeutsche Zeitung, 15./16. 10. 1988). Die *Hypobank* (114 Meter) und der den Turmbauten von *Marina City* in Chicago nachempfundene *BMW*-Vierzylinder (99 Meter) sind demgemäß an die innere Peripherie verbannt.

Im New York des 19. Jahrhunderts war es Richard Upjohns 1841 erbaute Trinity Church im südlichen Manhattan, deren im gotischen Stil errichteter Turm lange Zeit die Stadtsilhouette bestimmte. Noch 1875 war sie mit 86 Metern das höchste Bauwerk, dem sich auch das *Tribune Building* um sieben Meter unterordnete. Erst 1892 überschritten das *Pulitzer Building* (94 Meter) von George B. Post, ein Jahr darauf das *Manhattan Life Insurance Building* (104 Meter) diese imaginäre Tabulinie. Seitdem lieferte Trinity nur noch den Maßstab für stolze Vergleiche, wie fortan weltliche Gebäude den natürlichen Führungsanspruch übernahmen und den Kirchturm am oberen Ende der Wall Street immer unbarmherziger in ihren Schatten stellten. »Der Unternehmungsgeist des Business hat die Bestrebungen der Religion übertroffen«, schrieb ein zeitgenössischer Beobachter (zit. in Stern u. a. 1983, S. 145), nicht ahnend, daß zwischen beiden eine deutliche Beziehung bestehen könnte. Schon weitsichtiger mutet eine Analogie an, die die New York Times am 29. 12. 1907 aufstellte: »Beide [das *Singer Building* und der *Metropolitan Life Tower*] wurden für den Kapitalismus das, was Rom für die Kirche darstellte.«

Wenn Thomas A. P. van Leeuwen ein Kapitel seines anregenden Buches »The Skyward Trend of Thought« mit »Sakrale Wolkenkratzer und profane Kathedralen« überschreibt, gibt er mit dieser anscheinend paradoxen Formulierung einen Hinweis darauf, wie sich die ehemals strikt getrennten Codes des Heiligen und des Profanen immer stärker überlagern (Abb. 28). Waren die ersten Chicagoer Hochhäuser noch von einer Konstruktionsweise bestimmt, die die Funktion des Bürobaus klar hervorhob, so forderte der Stil-

28 »Wolkenkratzer im Mittelalter und in der Moderne: Wie die Zeit das Heilige und das Profane verkehrt«

eklektizismus vor allem der New Yorker Wolkenkratzer den Vergleich mit Kirchtürmen und Kathedralen geradezu heraus. Das betraf zunächst den Campanile-Nachfolger italienischer Provenienz, der zwar in der Regel nicht frei stand, dem aber die Bürogeschosse im Hauptbau auf möglichst niederem Niveau beigegeben waren, damit der Turm seine religiöse Zeichenhaftigkeit behalte. Napoleon Le Bruns *Metropolitan Life Tower* wird denn auch auf einer alten Postkarte etwas mißverständlich als »Symbol Gottes« apostrophiert.

Die größte Berühmtheit hat Pfarrer S. Parkes Cadmans Bezeichnung des *Woolworth Building* als »Cathedral of Commerce« erlangt – ein Schlagwort, das bald unterschiedslos auf alle Wolkenkratzer angewendet werden sollte. Nun ähnelte freilich dieser Wolkenkratzer wohl am auffälligsten dem Doppelturm einer gotischen Kathedrale, der sich über einem reich dekorierten, seitlich wuchtig ausladenden Hauptbau erhebt. Cadman selbst erläutert im hymnischen Vorwort zu einer weitverbreiteten Woolworth-Werbebroschüre die beiden Komponenten, die ihn zu seinem Vergleich bewogen. Die eine bezieht sich auf die visuelle Wirkung, die andere auf die inhärente religiöse Bedeutung von Kommerz und Business:

»Wenn das Woolworth Building bei Anbruch der Nacht erblickt wird, sobald es in elektrisches Licht getaucht ist, oder aber im klaren Schein des Sommermorgens, wie es spitz in den Raum ragt, gleich den Zinnen in Gottes Paradies, dann erweckt es Gefühle, die gar zu Tränen rühren. Der Schreiber dieser Zeilen blickte darauf und rief sofort aus: ›Die Kathedrale des Handels‹ – die erwählte Behausung jenes menschlichen Unternehmungsgeistes, der, durch Wechsel und Tausch, fremde Menschen in Einheit und Frieden verbindet.« (Zit. in Leeuwen 1988, S. 60)

Im Mittelalter, so Cadman weiter, hätte die Religion Kunst und Architektur monopolisiert. In den Vereinigten Staaten beanspruche dies nun der Handel für sich. Dazu paßt, daß der Architekt des *Woolworth Building,* Cass Gilbert, wie ein gotischer Dombaumeister in einer kleinen Skulptur im Arkadenbereich verewigt ist, mit einem Modell des Gebäudes in den Händen. Im Volksmund sprach man bald von einer »Verwaltungsbasilika« und einer »five-and-ten cathedral« – in Anspielung auf Woolworths Billigkaufhauskette.

In den zwanziger und dreißiger Jahren wurde es zum Gemeinplatz, daß im Dienst am »neuen Gott« des Kommerzes immer mächtigere Stätten der Anbetung entstanden, ja daß die echten Kathedralen der Zukunft nicht viel mehr sein könnten als ein »Ausstellungsort«, ein »Stück Unaufrichtigkeit« (Robinson/Bletter 1975, S. 67). Allerdings verdeckt die Analogie von Religion und Kommerz, daß Wolkenkratzer wohl emotional besetzte Gebäude, nie aber – wie einst die Kathedralen – Verkörperungen des Geheiligten sind: Wolkenkratzer sind Ausdrucksformen für das Überdauern in einer Welt flüchtiger Geschäfte, für die »Reinheit« und Gottgefälligkeit des Business sowie für das immerwährende Streben nach der Transzendierung irdischer Grenzen.

In Europa hat diese selbstverständliche Art der Merkmalübertragung von sakralen auf säkulare Bereiche eher befremdet. »Es bleibt mißlich«, schreibt der in die USA ausgewanderte Mendelsohn-Mitarbeiter Richard Neutra in seinem 1927 erschienenen Buch »Wie baut Amerika?«, »wenn Zeitungs- und Geschäftshäuser den Ehrgeiz haben, von Kirchenbauten Werte zu leihen.« (S. 76) Und in der Diskussion um einen »deutschen Wolkenkratzer« in den zwanziger Jahren kann das Traditionsvorbild des antiurbanen, vorkapitalistischen Kirchturms in der Ortsmitte (in Form der mittelalterlichen »Stadtkrone«) nur deshalb Anklang finden, weil er eben nicht dem schnöden Kommerz, sondern dem heiligen Ideal der Arbeit geweiht sein sollte.

Unter den Slogans »Gebt der Skyline das Kreuz wieder!« und »Zieht Kirchen in die Höhe!« gab es auch in den USA der zwanziger Jahre Versuche, »Wolkenkirchen« als zentrale Stätten der Anbetung nach europäischem Muster zu errichten. Der 1923 von Holabird & Roche konzipierte *Chicago Temple* beispielsweise beherbergte auf den ersten beiden Etagen die First Methodist Church und unter seiner Krone eine »Himmelpfarrei« und »Himmelkapelle« – doch die 19 Geschosse dazwischen waren wie üblich die kommerziellen Büroräumen vorbehalten. Einmal abgesehen davon, daß in keiner amerikanischen Großstadt eine einzige Religionsgemeinschaft eine zentrale Rolle für sich beanspruchen könnte, besaß der Terminus »Kathedrale« seinen Wert ohnehin mehr als Metapher denn im wörtlichen Sinne. Nicht daß sie Kathedralen sind, macht die besondere Eigenheit von Wolkenkratzern aus, sondern daß sie wie Kathedralen scheinen, obwohl sich hinter ihnen etwas anderes verbirgt. Diese Übertragung hat nach Cadman noch etliche Male funktioniert: So erhielt das *Paramount Building* (1926) folgerichtig den Beinamen »Kathedrale des Kintopps«, der Turm der Universität Pittsburgh wurde als »Kathedrale der Gelehrsamkeit« bezeichnet, und so weiter.

Die Analogie zum Gotischen wohnt dem vertikalen Nach-oben-Streben bereits inne, doch an der Basis assoziieren gerade zeitgenössische Wolkenkratzer häufiger einen opulent-feierlichen Barockstil mit Gold- und Kupferverzierungen, raumweitenden Verglasungen, Kaskaden und lachsroten Marmorwänden, Trompe-l'œil-Effekten und Buntglasfenstern. Die Eingangshalle des Dow-Jones-Gebäudes im *World Financial Center* wiederum gleicht einer romanischen Rundkirche, von deren segmentierter Kuppel (mit Computerchips-Ornamenten) asymmetrische Flügel ausgehen; ein vieleckiges Podest scheint zum Zelebrieren einer Heiligen Messe aufzufordern. Es handelt sich um eine quasi-sakrale Pracht, die die New Yorker respektlos »glitzy« nennen – eine funkelnd-gleißende Welt der religiösen Verklärung, der viele moderne Kirchenbauten sich im glei-

29   Foyer des World Financial Center, New York

chen Maße verschlossen, wie kommerzielle Bauten sich dieser Versatzstücke bedienten. Bei dem gläsern überkuppelten Foyer des
World Financial Center (Abb. 29), das fast so groß wie die Halle der
Central Station ist, finden diese Erinnerungsfragmente eine ironisch
artifizielle Verwendung: Dank des riesigen Glasportals und der in
den Marmor gepflanzten Palmen der Sorte »Washington robusta«
verwischt der pseudosakrale Raum die Unterscheidung von Innen
und Außen – und verkehrt damit auch die Codierung in Geheiligtes
und Weltliches mit würdigem Humor.

Wolkenkratzer-Höhenwettbewerb

Die Höhenangaben für Wolkenkratzer differieren oft beträchtlich. Dies hängt von den Bemessungsgrundlagen ab, zum Beispiel ob Antennen mitgerechnet werden, um im Vergleichswettlauf ein Gebäude zu »strecken«. Ähnliches gilt für die Anzahl der Geschosse. Zuweilen fehlt das dritte, fast immer das dreizehnte Stockwerk, und oft wird die Anzahl möglicher Geschosse für den Lobbybereich einfach hinzuaddiert. Die folgende Tabelle stellt in Auswahl einige der aktuellen und früheren »Rekordhalter« vor.

Sears Tower, Chicago	443 m
World Trade Center, New York	417 m
Empire State Building, New York	381 m
Standard Oil, Chicago	346 m
John Hancock Center, Chicago	343 m
Chrysler Building, New York	320 m
Bank of China, Hongkong	315 m
Texas Commerce Center, Houston	315 m
Allied Bank Plaza, Houston	295 m
Columbia Seafirst, Seattle	291 m
60 Wall Tower, New York	289 m
Citicorp Center, New York	279 m
Transco Building, Houston	274 m
First Interstate Bank Tower, Los Angeles	265 m
Woolworth Building, New York	260 m
Transamerica Building, San Francisco	260 m
One Liberty Place, Philadelphia	256 m
Bank of Manhattan Building, New York	255 m
Messeturm, Frankfurt	254 m
RCA Building, New York	247 m
PANAM, New York	246 m
John Hancock Tower, Boston	241 m
Norwest Center, Minneapolis	236 m
Chanin Building, New York	230 m
Exxon Building, New York	229 m

Bank of America Headquarters, San Francisco	228 m
Peachtree Center, Atlanta	220 m
UN Secretariat Building, New York	215 m
Metropolitan Life Tower, New York	214 m
Trump Tower, New York	210 m
Civic Center, Chicago	198 m
Irving Trust Operations Center, New York	198 m
AT & T Building, New York	197 m
Lake Point Tower, Chicago	197 m
New York Life Insurance Building, New York	188 m
General Electric Building, New York	188 m
NatWest Tower, London	183 m
Prudential Building, Chicago	183 m
Equitable Life Building, New York	180 m
Marina City, Chicago	168 m
Dresdner Bank, Frankfurt	167 m
Board of Trade Building, Chicago	162 m
Seagram Building, New York	160 m
First National Bank Building, Seattle	155 m
Deutsche Bank, Frankfurt	155 m
Smith Tower, Seattle	153 m
333 W. Wacker Drive, Chicago	152 m
CBS Building, New York	150 m
Pennzoil Place, Houston	150 m
Bank für Gemeinwirtschaft, Frankfurt	148 m
New York Telephone Company Building, Barclay-Vesey	146 m
McGraw-Hill Building, New York	142 m
Chicago Tribune Tower, Chicago	140 m
Manhattan Life Insurance Building, New York	104 m
Flatiron Building, New York	95 m
Monadnock Building, Chicago	65 m
Reliance Building, Chicago	60 m
Tacoma Building, Chicago	38 m
Montauk Building, Chicago	31 m

Zur Entstehung des Wolkenkratzers

Welche Gebäude dürfen als »Wolkenkratzer« bezeichnet werden? Die Verwendung des Terminus ist so lange unproblematisch, als keine verbindliche Definition gefordert ist. Die wiederum wird erst dann zwingend, wenn Differenzierungskriterien zu anderen Bautypen gesucht werden müssen.

Da ist zunächst die unter Architekturkritikern regelmäßig aufgeworfene Frage, wo denn nun der erste Wolkenkratzer überhaupt zu lokalisieren sei. Die Maßstäbe für die Beantwortung dieser Frage können kaum bei der willkürlichen Festlegung einer absoluten Mindesthöhe liegen. Zunächst mußten die technologischen und strukturellen Voraussetzungen geschaffen werden, die ein Bauen von Häusern über eine bestimmte Anzahl von Geschossen hinaus ermöglichten. Wo diese Probleme am frühesten gelöst waren, entstanden Gebäude, die nach heutigem Verständnis allenfalls Hochhäuser (»high rises« oder »tall office buildings«) zu nennen wären, aber zumindest nominell als Wolkenkratzer in die Baugeschichte eingegangen sind. Schließlich ist der Wolkenkratzer von einer Vielzahl freistehender Turmbauten zu unterscheiden, die schon kraft ihrer Konstruktion ganz anderen Gebrauchsfunktionen gehorchen.

Der Ursprung des Begriffs »Sky-scraper« liegt weitgehend im dunkeln. Wahrscheinlich handelt es sich um eine Lehnübertragung des italienischen Wortes »grattacielo«, das eine hochgewachsene Person bezeichnet. Die anthropomorphe Gleichsetzung der vertikalen Achse des Wolkenkratzers mit einer aufrecht stehenden menschlichen Gestalt wäre hier gleichsam vorweggenommen. Im England des 18. Jahrhunderts fungierte der Begriff auch als Name für ein dreieckiges Skysegel, behielt aber seine tradierte Bedeutung für einen Hünen; dies schlug sich in Redensarten wie der folgenden nieder: »I say, old sky-scraper, is it cold up there?«

Der erste nachgewiesene Gebrauch des Wortes für ein hohes Bauwerk ist unterschiedlich datiert: »Skyscraper« muß erstmals im Lauf der achtziger Jahre des 19. Jahrhunderts entweder auf das *Montauk Building* oder den wuchtigen *Masonic Temple* in Chicago angewendet worden sein. Bereits 1880 fertigte L. S. Buffington, ein vom französischen Baumeister Eugène-Emmanuel Viollet-le-Duc inspirierter junger Architekt aus Minneapolis, Skizzen von Hochhäusern an, die er als »cloud-scrapers« (Wolken-Kratzer) bezeichnete; damit nahm er die deutsche Übertragung vorweg, die immerhin eine reale Möglichkeit indiziert, während »sky-scraper« (Himmel-Kratzer) eher die stolze Idee des In-den-Himmel-Wachsens vermittelt.

Seitdem hat es immer wieder Versuche gegeben, den einmal etablierten Terminus zu variieren beziehungsweise zu differenzieren. In den USA trifft man hie und da auf den »cloud-piercer« (Wolkendurchbohrer), sobald von künftigen Megabauten die Rede ist: Von deren Spitze aus wird man wie aus einem Flugzeug auf den weißen Wolkenteppich blicken; über eine Spezialnummer muß dann das Telefon von »tief unten« im Foyer den Wetterbericht nach oben melden. Der Architekt und Kritiker Charles Jencks stellt gleich mehrere unterschiedliche Kategorien auf – angefangen von der »Himmelsnadel«, der »Himmelspagode« und der »Himmelstorte« über den »Himmelspalast« und das »Himmelsmesser« bis hin zu ganzen »Himmelsstädten« (1980, 14); aus dem Bemühen um Klarheit erwächst hier jedoch nur größere Konfusion. Die Metaphern gehen immer neue Kombinationen ein, bis am Ende doch wieder ein zur allgemeinen Verständigung tauglicher Begriff gefunden werden muß: eben der des »Wolkenkratzers«.

Eines der wichtigsten Merkmale des Wolkenkratzers ist die Vervielfachung einer gegebenen Wohn- oder Arbeitsfläche, die wir auch in einem Niedrighaus vorfinden könnten. Dies unterscheidet zum Beispiel das »Turmhochhaus«, bei dem das Verhältnis von Bauhöhe und Bautiefe mindestens bei 5 : 1 liegt, von anderen freistehenden Turmbauten wie Kirch- und Glockentürmen, Stahlgittertürmen wie dem Eiffelturm, Leucht- und Wassertürmen sowie den modernen Fernsehtürmen, von denen der höchste mit 553 Metern in Toronto steht (CN Tower). Während das frühe Bürohochhaus nicht unbedingt isoliert stehen mußte, sondern auch ein »infill building«, ein Mittelhaus, sein konnte, hat sich der moderne Wolkenkratzer als eine Kombination aus Turm und Haus herausgebildet.

Wenn Le Baron Jenney sein Home Insurance Building am Turm von Babel orientierte, mag uns heute an diesem Vergleich nur noch seine geradezu absurde Unverhältnismäßigkeit auffallen; gleichzeitig aber indiziert er, daß die Höheneinschätzung eines Gebäudes immer in Relation zu seinem Kontext steht. Noch zu Lebzeiten von Jenney konnte Paul Bourget von der Spitze des Chicagoer *Auditorium Tower* aus feststellen: »Die nur sechs- oder siebengeschossigen Gebäude scheinen wie die reinsten Hütten, die zweistöckigen können nicht vom Gehsteig unterschieden werden, während die ›Gebäude‹ von vierzehn, fünfzehn, zwanzig Etagen wie die Inseln der Kykladen von den Bergen des Negroponte aus gesehen hochsteigen.« (Zit. in Lowe 1985, S. 128)

Den gewiß wichtigsten und noch immer aktuellen Beitrag zur Bewertung der Höhe hat das Haupt der Chicagoer Schule, Louis Sullivan, geliefert. Er geht weniger davon aus, wie hoch ein Bauwerk in Fuß und Zoll tatsächlich ist, sondern wie hoch es uns erscheint, indem es eine stolz nach oben strebende Einheit bildet. Die Ästhetik der Konstruktion vermag in uns einen Eindruck von Höhe zu erwecken, der oft nachhaltiger sein kann als der Imponiergestus von meßbaren Rekorden. Aus all diesen Gründen – historischen, relationalen und ästhetischen – ist die Grenzziehung zwischen Wolkenkratzer und Hochhaus eher eine akademische Pflichtübung, so einleuchtend der Unterschied aus heutiger Sicht auch sein mag – wenn etwa der sich in den Wolken verlierende Chicagoer *Sears Tower* den frühen »Wolkenkratzer« des *Old Colony Building* zu einem ganz normalen Eckhaus degradiert.

Rückblickend können gerade jene vergleichsweise niederen Bauten als erste Wolkenkratzer gelten, die alle Bedingungen für ein weiteres In-die-Höhe-Bauen erfüllen. Wenn die durch ihre Größenordnung unabdingbare Wiederholung – der Geschosse, der technischen Funktionen – eine »Metapher« für Wolkenkratzer darstellt (Jencks 1980, S. 10), dann kommt es auf die strukturellen Voraussetzungen an, die eine wenn nicht grenzenlose, so doch zwanzig- bis hundertfache Wiederholung erst ermöglichen. Dazu gehören in erster Linie die Erfindung des Lifts und die Verwendung der Stahlkonstruktion.

Daß ab einer gewissen Höhe auf den Vertikaltransport nicht mehr verzichtet werden kann, ist leicht einzusehen, vor allem, wenn die oberen Geschosse – anders als beim Besteigen eines Kirchturms –

mehrmals täglich erreicht werden müssen und auch Lasten, zum Beispiel Arbeitsmaterialien und Versorgungsmittel, zu transportieren sind. Ein wichtiger Schritt in diese Richtung war getan, als der New Yorker Mechaniker Elisha Graves Otis 1852 den hydraulischen ›Sicherheitsaufzug‹ erfand und ihn ein Jahr später auf der Weltausstellung in Manhattans Crystal Palace persönlich vorstellte. Otis gestaltete aus dieser Präsentation ein kleines Schauspiel, indem er die Plattform bestieg, die von einem Seil hochgezogen wurde. Als er oben angekommen war, ließ er sich zu den »Oh!«- und »Ah!«- Rufen der Zuschauer von einem Assistenten einen Dolch auf einem Samtkissen reichen und kappte damit das Seil, das ganz augenscheinlich die Plattform vor dem Sturz in die Tiefe bewahrte. Das Seil riß, doch es geschah nichts, da unsichtbare Sicherheitssperren die Plattform aufhielten. Überliefert ist Otis' triumphaler Ausspruch nach dem geglückten Experiment: »All safe, gentlemen!«. Rem Koolhaas schreibt dazu in »Delirious New York«, seinem »urbanen Manifest«: »So stellt Otis eine Erfindung in urbaner Theatralik vor: die Antiklimax als Enthüllung, das Nicht-Ereignis als Triumph.« (1978, S. 19)

1857 wurde dann in New York der erste Personenaufzug von Otis in einem fünfstöckigen Gußeisenbau installiert, dem *Haughwout Building*, einem mit korinthischen Fenstersäulen und Balustraden versehenen Haus, das auf beeindruckende Weise horizontale Raumfülle mit einer vertikal strukturierten Außenwand verbindet (es wurde vor der Spitzhacke bewahrt und ist an der Ecke Broadway/ Broome Street zu sehen).

Die Funktion des Lifts lag in den Anfangsjahren weniger in der Überwindung großer Höhenunterschiede, sondern eher darin, auch noch das fünfte und sechste Stockwerk in seiner Attraktivität dem Erdgeschoß beziehungsweise den ersten beiden Etagen anzugleichen; ohne einen Aufzug war eine disproportionale Senkung des Mietzinses für die oberen Geschosse unvermeidbar. Solange nämlich das Besteigen eines Gebäudes mit Aufwendung von Muskelkraft verbunden war, konnte die Rangstellung eines Mitarbeiters unmöglich nach der Höhe des Stockwerks bemessen werden, in dem er seinen Büroplatz einnahm. Erst später im Jahrhundert, als der Lift endgültig etabliert war, konnte der Ausblick aus den oberen Etagen zu einem Privileg werden. Nun sprach man sogar vom Wolkenkratzer synonym als von einem »elevator building«, einem Gebäude mit Aufzug.

Anders als das *Haughwout Building* war das *Equitable Life Building* (120 Broadway) das erste Bürogebäude mit eingebautem Personenaufzug. George A. Posts Bauwerk von 1870, das nicht mit dem späteren *Equitable* von 1916 verwechselt werden sollte, war im Second-Empire-Stil reich dekoriert und besaß ein Mansardendach, das die Obergeschosse noch besonders hervorhob. Mit 40 Metern war es nicht nur der höchste Bau seiner Art, sondern es stellte auch zugleich demonstrativ die Vorzüge des Aufzuges heraus, indem die Deckenhöhe der nur fünf Stockwerke mit je acht Metern fast das Doppelte der damals üblichen Norm betrug.

Dem hydraulischen Lift, dessen Leistungsfähigkeit durch den Druck der Wassersäule begrenzt war, folgten der Dampffahrstuhl (1864) und schließlich, in den späten achtziger Jahren, der elektrische Lift, zuerst mit Gängen, dann mit Automatikanlage und Wechselstrom. Eine Schwierigkeit des Transportsystems in einem Wolkenkratzer bestand darin, daß mit zunehmender Gebäudehöhe die Verkehrsfläche gegenüber der Nutzfläche disproportional anstieg und einen gesonderten Versorgungstrakt erzwang. Im Kern eines Gebäudes bildete sich so eine Art Eisenbahnnetz in vertikaler Richtung. Das erste mit Wechselstrom betriebene Hochgeschwindigkeits-Liftsystem wurde bereits 1913 im *Woolworth Building* installiert, wo es zuerst an einer zentralen Schaltstelle manuell betrieben wurde, bevor elektrische Signalanlagen und später die Computersteuerung ihren Einsatz fanden. Das *Empire State Building* weist bereits lange Reihen von insgesamt 63 Personenaufzügen und vier Lastaufzügen auf, wobei sogenannte »express cars« das 80. Stockwerk in etwa einer Minute vom Erdgeschoß aus erreichen.

Die Unterteilung in »Schnell«- und »Bummelzüge« mit Umsteigelobbies ist im *World Trade Center* durch die Schaffung von drei Zonen vorangetrieben, von denen die erste von der Grundebene bis zum 41. Geschoß, die zweite von der 41. zur 74. Etage und die dritte von dort bis zur Spitze reichen. Zwischen den drei »sky lobbies« verkehren »Nahverkehrszüge« mit Haltestationen in jedem Stockwerk. In 36 offenen Schächten sind jeweils bis zu drei Lifts enthalten; kabinenartige Schnellifts werden nonstop mit 24 Stundenkilometern zur Aussichtsplattform hochgeschossen. Mikroprozessoren analysieren das jeweilige Verkehrsaufkommen und helfen jene Staus zu verhindern, die in den Anfangsjahren des Centers zu extrem langen Wartezeiten führten. Mit Hilfe eines solch ausgeklügelten vertikalen Verkehrssystems konnten etwa zusätzlich 25 Prozent der Geschoßfläche zur Vermietung gewonnen werden.

Da Lifts in der Lobby eines Wolkenkratzers den gesamten Kern ausfüllen, hat man immer wieder versucht, ihnen das Stigma des bloß Zweckdienlichen zu nehmen. Der Gang zur Aufzughalle soll bereits erlebnishaft einstimmen, das Warten vor den Türen zum Genuß der schönen Formen einladen. Die Fahrten im Lift, deren Dauer hochgerechnet auf das Leben eines Menschen schließlich ganze Tage betragen kann, sollen in lautloser, intimer Atmosphäre stattfinden, die das anschließende Geschäftsgespräch bereits diskret vorbereitet. Gotische Details an den Aufzugtüren des *Woolworth Building* setzen die vertikale Bewegungsrichtung des Turms auch im Innern des Gebäudes fort. In Art-deco-Wolkenkratzern bestechen die Ornamentik und die geometrische Linienführung auf den Türen, die entweder aus silbrig glänzendem Nirostastahl bestehen oder mit kostbaren Hölzern verschalt sind. So wurde für das *Chrysler Building* eine ganze Palette von rötlich schimmernden Furnierhölzern verwendet, deren Marketerie eine noch heute beeindruckende Sorgfalt und ästhetische Raffinesse verrät (Farbtaf. 13). Ähnlich ist der Eindruck, den die polychrome Musterung der Lifts im *Chanin Building* hinterläßt. In Philip Johnsons New Yorker *AT & T Building* benutzte man bronzierten, rostfreien Stahl, im *Transco Building* in Houston Mahagonihölzer und in den Kabinen eine Marmorsorte, die als »Paradiso di Sicilia«-Onyx original eingeführt wurde. Die Aufzüge werden so zu kostbaren und erlesenen »Erlebnisräumen«, die die unterschwellige Peinlichkeit des gemeinsamen Wartens durch ein Gefühl kollektiver Privilegierung überbrücken helfen.

Als die bedeutendste technische Errungenschaft, die die Architektur des 19. und 20. Jahrhunderts revolutionierte, gilt das Stahlskelett: Es ermöglicht überhaupt erst das Bauen von Häusern in große Höhen, da sonst ab einer gewissen Grenze das tragende Mauerwerk eine

Dicke erreichen müßte, die in keinem Verhältnis mehr zur Geschoßfläche stünde. Das grundsätzlich Neue der Metallskelettkonstruktion, anfangs eine Mischung aus Eisen und Stahl, bestand darin, daß das Prinzip von Stütze und Last zugunsten eines Rahmens aufgegeben wurde, der aufgrund der besonderen Kräftebahnen die Fassade von der tragenden Konstruktion unabhängig machte (Abb. 30). Man hat das traditionelle Mauerwerkgebäude mit einem Schalenhaus verglichen, während der Stahlskelettbau an ein Knochenhaus oder ein Strebwerk gemahnt, an das die Fassade wie ein frei hängender Vorhang angebracht ist. Deshalb spricht man auch von einem »curtain wall«, sobald in Leichtbauweise Materialien wie Aluminium, Chrom oder Glas die Außenwand bilden.

Das Stahlskelett führte zu einer bis dahin unvorstellbaren Flexibilität beim Bauen und bei der Grundrißplanung. Die drückende Schwerkraft des tragenden Mauerwerks war nunmehr überwunden: Es mutete in der Tat wie die Realisierung einer Utopie an, als die Maurer am *Tacoma Building* an einer beliebigen Stelle zwischen Ebene und Dach mit der Anbringung des Ziegelwerks begannen. Die Wolkenkratzer wurden ja überhaupt erst ökonomisch rentabel, als ihnen die Konstruktion eine größtmögliche Redundanz der Geschosse ohne Verlust von Bodenfläche und ohne unvertretbaren menschlichen Kräfteaufwand erlaubte. Einfacher gesagt: Das fünfzigste Stockwerk durfte nicht wesentlich mühevoller als das erste zu erreichen sein, und innerhalb eines möglichst großen Höhenbereichs sollte eine serielle Bauweise vorherrschen, die kein unterschiedlich dickes Mauerwerk erzwang.

Schon zur Mitte des 19. Jahrhunderts hatten Architekten begonnen, den auf die Fundamente drückenden Mauern mittels eingezogener Gußeisenteile größere Druckkraft zu verleihen und ihnen durch hohle Eisenstützen einiges an Traglast zu nehmen. 1871 wurde der hohle Ziegel patentiert, der nicht nur drei Viertel weniger als ein normaler Backstein wog, sondern auch ein probates Isoliermittel zwischen den bei Hitzeeinwirkung biegsamen Eisenbalken abgab. Die lange Zeit vertretene Auffasung, Le Baron Jenneys 1885

30   Tragende Konstruktion in Los Angeles   ▷

31　Home Insurance Building, Chicago

errichtetes (und 1931 abgerissenes) *Home Insurance Building* in Chicago (Abb. 31) könne schon allein deshalb als erster Wolkenkratzer gelten, da es die Stahlskelettkonstruktion zum ersten Mal in Reinform aufwies, kann so nicht länger aufrechterhalten werden. Zum einen war Le Baron Jenneys Eisenskelett nicht selbsttragend, da der Architekt erst relativ spät das Angebot erhielt, auf den verbliebenen Geschossen schmiedeeiserne Balken durch solche aus

Bessemerstahl zu ersetzen. Zum anderen hatte die Eisenrahmenbauweise bereits eine gewisse Tradition, die bis ans Ende des 18. Jahrhunderts zurückreicht, als in England erstmals Mühlen, Getreidespeicher und später auch Fabriken und Schrotttürme aus Eisengerippe entstanden. Überliefert ist die Anekdote, nach der Joseph Paxton, der Konstrukteur des Londoner Glaspalastes (1851), die regenschirmartigen Rippen einer großen Wasserlilie studierte. Sie hielten sogar das Gewicht seiner kleinen Tochter aus, und Paxton kam daraufhin auf die Idee eines von Eisenrippen durchzogenen gläsernen Gewächshauses.

Da sich ebenfalls schon in der Mitte des 19. Jahrhunderts in Europa, durch James Bogardus aber auch in New York erste Versuche durchsetzten, den Eisenrahmen vom stützenden Mauerwerk abzulösen, besitzt die Skelettbauweise eine kompliziertere Vorgeschichte, als die allzu simple Kennzeichnung des *Home Insurance Building* als erstem Eisenskelettbau vermuten läßt. Gerade reinen »Ingenieurbauwerken« wie Brücken, Viadukten, Silos und Mühlen verdankt der spätere Wolkenkratzer vermutlich mehr als dem Gebäude von Le Baron Jenney, das aus heutiger Sicht in seiner Rundbogenromanik eher einen Rückschritt bedeutete. Der eigentliche Chicagoer Beitrag zur Wolkenkratzerarchitektur scheint jedenfalls eher im feuerresistenten Mauerwerksmantel zu liegen, der die Eisensäulen schützte und von ihnen mitgetragen wurde.

Der alte Traum vom »gläsernen Turm« wäre nie realisierbar gewesen ohne das Stahlskelett, an dem die Glasscheiben wie eine dünne Haut befestigt sind. Ein Vorläufer davon ist das kleine *Singer Building* von Ernest Flagg (1904), dessen Straßenfront (561 Broadway) aus Terrakotta, Glas und Stahl die Vorhangfassade auf elegante Weise antizipiert (Abb. 32). Der früheste Bau mit einer vollständig aus Glas gebildeten Wand steht in San Francisco: Willis Polks *Hallidie Building* (130–50 Sutter Street) aus dem Jahre 1917 weist eine durch dekorative Metallbrüstungen durchbrochene, siebengeschossige Scheibenfassade auf, die wie eine Glashaut auf ein tragendes Skelett gehängt ist. Von visionärer Kühnheit sind freilich erst die Entwürfe für Glastürme, deren kristalline Durchsichtigkeit die deutsche Avantgarde der zwanziger Jahre zum Anlaß nahm, um das Prinzip der Konstruktion selbst transparent zu machen.

32 Singer Building,
New York

Die einstmalige Ablösung der tragenden Wand durch die Skelettbauweise erfuhr wiederum 1965 eine wegweisende Neuerung, als
das von der Firma Skidmore, Owings & Merrill in Chicago errichtete *Brunswick Building* mit äußeren Traggliedern, Betonzwischen-
wänden und einem stählernen Wandkern ausgestattet wurde, die
Stützelemente in den Büroräumen überflüssig machten. Auch das
World Trade Center kommt ohne Vorhangwand aus; seine Außenwände sind wie ein Metallnetz mit vertikalen Stahlstützen durchzo-
gen, die mit massiven Spandrillenbalken umgürtet sind, so daß eine
Art geschlossenes, in sich steifes Rohr entsteht. Im Inneren entfallen
damit unnötig raumfüllende Säulen. Die Rohrkonstruktion unter
Verwendung von Stahlrohrbündeln, Spanntrossen oder Spannstüt-
zen wurde von Fazlur Khan beim *John Hancock Center* und im
Sears Tower zu technisch perfekter Vollendung gebracht. Im Zeital-

ter der Computerberechnung ist es dank der statisch präzise kalkulierbaren Positionierung von Stahlpfeilern möglich, daß diese Funktionen sowohl der Außenwand als auch von Trägern übernehmen. Damit sind die Bedingungen für eine neue Generation von ultrahohen Wolkenkratzern gegeben, deren konstruktives Prinzip eine wechselseitige Aufhebung der statischen Kräftebahnen bedingt.

Wenn gleich mehrere Voraussetzungen zusammenkommen, die den Bautypus konstituieren, fällt es aufgrund einer Ungleichzeitigkeit der Entwicklungsphasen schwer, von einem »ersten« Wolkenkratzer zu sprechen. Unter Architekturhistorikern werden oft scharfsinnige, aber auch spitzfindige Argumente ausgetauscht, welchem Bau denn nun die Palme gebühre. Statt eine definitive Antwort darauf zu geben, kommt dieser Diskussion eher das Verdienst zu, die ganze Komplexität der Entwicklungsgeschichte aufzuzeigen. Posts erstes *Equitable Building* (New York 1870/71) hatte sowohl einen Lift als auch Metallträger – und wirkt doch wie ein flacher Second-Empire-Palast. Verbindet man mit dem Wolkenkratzer eine bestimmte Morphologie von Vertikalität, eine Betonung von Höhe, so kommen die 75 beziehungsweise 80 Meter hohen Turmbauten von Posts *Western Union Building* (New York 1875) und Richard Morris Hunts *Tribune Building* (New York 1875) dieser Vorstellung weit mehr entgegen.

Wie die Kriterien der Gestalt und der Konstruktion durchaus miteinander in Konflikt geraten können, mag ein Vergleich zwischen Le Baron Jenneys *Home Insurance Building* und dem *Monadnock Building* von Burnham & Root (Chicago 1891) zeigen. Das *Monadnock* ist mit 16 Stockwerken das höchste aus Backstein errichtete Hochhaus der Welt. Durch die längsgezogene Scheibenform, die Krümmung der schmucklosen Mauern und den Kontrast zwischen elegant gebogenen Erkern und tiefliegenden Fenstern antizipiert das Gebäude den »slab«, den flachen Scheibenwolkenkratzer moderner Provenienz, obwohl die Bauweise selbst für das späte 19. Jahrhundert eher einen Rückschritt bedeutete. Das oft als technische Pionierleistung gerühmte *Home Insurance Building* hingegen verfehlte sein architektonisches Versprechen: Die zylindrischen gußeisernen Säulen in der Fassade und die zur Auflockerung gedachten Ornamente zerstreuen die Struktur und geben dem Blick keine eindeutige Richtung mehr. Wolkenkratzer entstehen eben auch im Betrachter, indem ihre Gliederungsprinzipien zum ›Eindruck‹ von Größe und Höhe beitragen.

Diese beiden Beispiele zeigen die zentrale Bedeutung, die der Gegensatz zwischen Konstruktion und Dekoration in der über hundertjährigen Geschichte des Wolkenkratzers einnimmt: An ihm läßt sich in periodisch wiederkehrenden Zeitabschnitten das Wesen der architektonischen Moderne, aber auch das Unbehagen an ihr illustrieren. Grob vereinfacht geht es um folgenden Grundkonflikt: Einmal scheint das Hauptgewicht auf der reinen Konstruktion zu liegen, auf der Sichtbarmachung dessen, was der Architektur an strukturellen Gestaltungsprinzipien zu eigen ist; ein andermal gewinnt die Freude an der phantasievollen Dekoration, am Design, an der antikonstruktiv verhüllenden Fassade die Oberhand. Überspitzt könnte man gar von einem Konkurrenzkampf der »Ingenieure« und der »Künstler« unter den Architekten sprechen, wenn diese Alternative nicht auch irreführen könnte; denn aus der Konstruktion erwächst oft erst die Gestalt als Mittel künstlerischen Ausdrucks, und hinter manch historisierenden oder ironisch metaphorisierenden Fassaden waltet notgedrungen ein bautechnischer Konstruktionswille. Trotzdem überzeugt die Unterscheidung, weil sie zwei klar verfolgbare Traditionsstränge kennzeichnet, an denen sich die Tendenzen von Konstruktion und Dekoration ablesen lassen.

Die Konstruktionsweise des Skeletts zur Grundlage einer modernen und »aufrichtigen« Ästhetik zu machen, war der große Beitrag der Chicagoer Architekten, insbesondere Louis Sullivans. Weil nämlich an den Rahmen jede beliebige Art von Fassade befestigt werden konnte, war es nicht ohne Ironie, daß manche Gebäude, kaum daß sie von den Beschränkungen des tragenden Mauerwerks befreit waren, wieder genau so aussahen, als wären sie nach traditioneller Bauweise errichtet worden – nur eben höher. Die Baumeister der Chicagoer Schule hingegen benutzten den Vorhang nicht, um die dahinterliegende Konstruktion zu verhüllen, sondern um sie im Gegenteil auszudrücken und am Rasterwerk der Fronten vorzuzeigen. Das konstruktive Prinzip sollte nicht hinter historisierenden Fassaden versteckt werden. Vielmehr ging es darum, Bauwerke zu schaffen, bei denen »die strukturellen Abmessungen die echte Basis für die künstlerische Gestaltung des Äußeren bilden« (Louis Sullivan in Huxtable 1986, S. 8). Aus der Konstruktion kam die Gestalt, die wiederum das mächtigste Ausdrucksmittel war, stärker als jede semantische Aufladung der Fassaden durch Zierat. Dahinter steht die Idee, daß der Architekt nicht primär Form-, sondern Bauprobleme zu lösen habe. Die Lesbarkeit der Konstruktion (auch im ästhetischen Sinn) sei dabei der ihm gestellten Aufgabe angemessener als die Schaffung eines »Gesamtkunstwerks«, das Mittel der Malerei und Bildhauerei nachahmt. Es geht um die Gestaltung von Raum und die Sichtbarmachung von Funktionen, nicht um das Herstellen künstlerischer Bedeutungen im subjektiven Schaffensprozeß. Selbst ein so »postmoderner« Architekt wie Helmut Jahn fühlt sich bemüßigt, auf diesen Unterschied hinzuweisen, der vermutlich auch seine Verpflichtung gegenüber der Chicagoer Schule betonen soll: »Ich konstruiere keine Dekoration, ich dekoriere Konstruktion.« (In: Westermanns Monatshefte, 1/1987, S. 45; Abb. 33)

Auf die frühe Chicago-Architektur folgte eine Rückwendung zum tradierten Vokabular des Historismus und der europäischen »Beaux-Arts-Bewegung«. Wolkenkratzer hatten ganz im Sinn des herrschenden Eklektizismus etwas »anderes« als nur funktionale Gebäude zu sein: Renaissancepaläste, gotische Kathedralen, aztekische Stufentempel. In der »modernistischen« Art deco mit ihrer Hinwendung zum ästhetisch reizvollen Dekor wiederum rangierte der Blickfang des poetischen Formausdrucks – und das heißt auch der semantischen Vieldeutigkeit – weit vor der Eindeutigkeit der Konstruktion.

Erst die klassische Moderne, die nicht zufällig wieder in Chicago ansetzt, läßt den konstruktiven Gedanken neu aufleben und begründet ihn mit der Idee der Einheit von Geist und Materie: Die vollkommene Konstruktion (bei beliebig wiederholbarem Grundriß) erscheint in dieser Sichtweise zugleich als substantielle Ordnung vor dem Horizont eines denkwürdig scholastischen Weltbildes. Ein Architekt, der sich als Künstler mißverstehe, könne einzig subjektive Auffassungen einer letztlich unverbindlichen Ästhetik liefern.

Mies van der Rohe, der namhafteste Vertreter dieser Richtung, leugnet zwar nicht die Bedeutung von Form, begreift diese jedoch nicht als Ziel an sich, sondern als Resultat einer konstruktiven

Lösung. Er geht sogar so weit zu behaupten, einzig im Bau befindliche Wolkenkratzer könnten die kühnen, konstruktiven Gedanken ausdrücken, und zwar mittels der hochragenden Stahlskelette; mit der Ausmauerung der Fronten werde der Gestaltungswille durch trivialen Formenwust zerstört. (Vgl. David Spaeth, in H. P. Schwarz 1986, S. 27 und S. 39).

Die Postmoderne mit ihrer starken Affinität zum Design und zur stilistischen Lösung – auf Kosten der Substanz, wie ihre Gegner behaupten – ist wiederum verstärkt an der Idee des »Kunstwerks« orientiert. Statt sich zur Metaphysik der »reinen Konstruktion« zu bekennen, liefert sie eher Moden. Die angeblich ewige Wahrheit des Grundrisses und der Skelettstruktur muß ihrem ästhetischen Relativismus als völlig fremdes Dogma erscheinen.

Mit dem »Funktionalismus« der frühen Chicagoer Schule, dem darauf folgenden eklektischen Historismus, der Flamboyanz der Art deco, der konstruktiven Strenge des Internationalen Stils sowie der Zitierfreude der Postmoderne sind in schematischer Vereinfachung auch schon die wichtigsten Phasen benannt, die es erlauben, eine kontrastive Typologie der Wolkenkratzerarchitektur zu erstellen. Natürlich herrschen zwischen den Richtungen und Stilen auch fließende Übergänge, wechselseitige Anziehungen und Abstoßungen, wie überhaupt ein visuell reizvoller ›Dialog‹ zwischen einzelnen Bauwerken entstehen kann: Einmal weisen sie völlig unerwartete Querverbindungen auf, dann wieder bestehen sie in arroganter Abweisung auf ihrer absoluten Einmaligkeit. Ästhetische Richtungszuordnungen sind deshalb oft nicht mehr als behelfsmäßige Krücken. Eine intensive Beschäftigung mit den historischen Typen des Wolkenkratzers wird allemal zu dem Schluß kommen, daß Konstruktion und Dekoration keine absoluten, sondern relative Kriterien sind.

Die lange Zeit gültige Trennung zwischen der Wissenschaft der Ingenieurtechnik und der »Kunst« der Architektur hat heute ausgedient. Allein ein Blick auf Norman Fosters großartige *Hongkong & Shanghai Bank* zeigt, daß zuweilen die Struktur selbst zum Orna-

33 Helmut Jahn: »Ich dekoriere Konstruktion.« (750 Lexington Avenue, New ▷ York)

ment und das Konstruktionsprinzip zum künstlerischen Stilmittel gerät. Auch Bauwerke, die in ihrer konstruktiven Offenheit ›ehrlich‹ sind, sprechen zu uns und sind keineswegs frei von semantischer Mitteilung. Vielleicht haben andererseits gerade jene Wolkenkratzer, die auf geschwätzige Weise ständig neue Einfälle liefern, uns am allerwenigsten zu sagen.

In seinem Buch »Skyscraper. The Making of a Building« (1989) schildert Karl Sabbagh ungewöhnlich detailliert Planung und Bau eines 550-Millionen-Dollar-Projekts, nämlich des im Westteil von Manhattan gelegenen *Worldwide Plaza*. Während ein Bauwerk gewöhnlich mit den Namen von Architekt und Auftraggeber assoziiert wird, interessiert sich Sabbagh auch für all jene, die an der ökonomischen und technischen Vorausplanung, an den einzelnen Bauetappen und den Nutzungsverhandlungen beteiligt sind: also die Bauherren, Financiers, Ingenieure, Dynamitexperten, Schweißer, Werbeagenturen, Kranführer, Seismologen, Zeichner, juristische Berater, Makler und so weiter. Die Errichtung eines Wolkenkratzers wird hier beschrieben als eine generalstabsmäßig angelegte Koordination von Rentabilitätsplänen, ständig zu modifizierenden Entwurfsvorschlägen und einer permanenten Kontrolle der vielfältig aufeinander bezogenen Arbeitsvorgänge; deren Ineinanderübergreifen wiederum ist abhängig von der Zuverlässigkeit der Unterlieferanten, Vertragsfirmen und Computerberechnungen. Wolkenkratzer sind für Klienten wie für Architektur- und Koordinationsbüros gigantische Risikoprojekte, die ein hohes Maß an Logistik, Management und Nervenkraft erfordern. William A. Starrett bemerkte schon 1928, nichts in Friedenszeiten entspreche so sehr einer Kriegsstrategie wie der Bau von Wolkenkratzern, einschließlich des Einsatzes von »Verbindungsoffizieren« (S. 63).

Wenn ein »Developer« – wie im Fall des *Worldwide Plaza* William Zeckendorf Jr. – sich an ein Mammutprojekt wagt, wird er sich zunächst mit Kapitalgebern zusammensetzen und sie von der Gewinnträchtigkeit der Anlage überzeugen müssen. Da zwischen der Planung und dem Bau mindestens zwei Jahre verstreichen, hat die momentane Wirtschaftsprognose schon häufig zu fatalen Fehleinschätzungen über die Vermietungschancen für Büros geführt. Jeder

Monat freilich, in dem im fertigen Bau Raum leersteht, kann zu einer Investitionsruine führen. Oft sind bereits erste Geschosse fertig, wenn weiter oben noch fleißig gebaut wird. Dem Developer muß vor allem daran gelegen sein, zumindest einen renommierten Klienten von dem Neubau zu überzeugen, der dann weitere Interessenten anzieht.

Der Entwurfs- und Baugenehmigung gehen in der Regel langwierige Verhandlungen und Hearings voraus. Bezirksausschüsse müssen über Proteste von Anwohnern und Klageandrohungen befinden, sobald ein Gebäude den gesamten Charakter der Umgebung zerstört. Seitens der Bauherren wird gewöhnlich darauf verwiesen, daß die Wohn- und Lebensqualität eines Viertels durch die Errichtung eines Wolkenkratzers beträchtlich erhöht werde; schließlich wolle man für das Gebäude und die darin Beschäftigten ein »präsentables« Umfeld schaffen, was im Fall des *Worldwide Plaza* etwa durch den Abriß eines nahen Pornokinos für Homosexuelle und die Etablierung mehrerer Fast-Food-Ketten erzielt werden sollte, aus denen das Essen per Telefax bestellt und direkt ins Gebäude geliefert werden könnte. Die Anwohner hingegen sehen in dieser »Nobilierung« ihres Stadtteils eher den Beginn einer Vertreibungsstrategie, da mit ihr auch die Mietkosten ins Unendliche hochgetrieben und neue Begehrlichkeiten für weitere Wolkenkratzer geweckt würden.

Ada Louise Huxtable hat das Bewilligungsritual nicht ohne bittere Ironie beschrieben (Süddeutsche Zeitung, 24./25. 10. 1987): Ein völlig inakzeptabler Bauplan trifft auf einen Proteststurm, wird zurückgezogen und umgearbeitet; dann wird neu verhandelt, bis der Bauunternehmer in einem mühsam erzielten Kompromiß genau das bekommt, was er von Anfang an wollte. Die Kapitulation der Stadtteilbewohner wird mit einer Reihe von Zusagen versüßt, deren Einhaltung später schon auch mal »vergessen« werden kann.

Die Fülle der Verantwortlichkeiten erzwingt eine äußerst genau geregelte Kompetenz- und Aufgabenverteilung. Der Developer wählt das Grundstück aus, bestimmt den Architekten und sichert die Finanzierung. Der Architekt liefert den Entwurf und muß dann kraft seiner Autorität dafür sorgen, daß seine Ideen während der Konstruktionsphase nicht allzusehr verwässert und vermeintlich »unabänderlichen Gegebenheiten« geopfert werden. Der Bauunternehmer, der zuweilen mit dem Architektenbüro identisch ist, übernimmt die gesamte Konstruktion, wobei sogenannte »subcontractors« für Spezialaufträge vom Errichten der Stahlkonstruktion bis zum Design der Büroräume gewonnen werden. Der »Konstruktionsmanager« regelt die zeitliche Koordinierung der Arbeitsgänge, prüft die Verträge und bemüht sich um die Einhaltung der veranschlagten Kosten. Ein facettiertes, mit Einschnitten und Ausbuchtungen versehenes Mauerwerk etwa mag als ästhetisch reizvolle Entscheidung des Architekten gelten, doch für den Bauherrn ist es vornehmlich ein Kostenfaktor, da die Ziegel unterschiedlich geschnitten und unter Umständen auch in einer Vielzahl von Farbtönen lackiert werden müssen. Bei dem *Worldwide Plaza* beispielsweise hat der lachsrot getönte Stein, der in Brasilien abgebaut und in Venedig verarbeitet wurde, die Beteiligten fast verrückt gemacht, als sie entdeckten, daß er unerwartet schlecht mit dem Granit des Sockels harmonierte. Korrekturen in diesem Stadium können sich auf Hunderttausende von Dollars belaufen.

Schon bei der Wahl des Grundstücks spielen Fragen der Ausschachtung eine gewichtige Rolle: Wie viele Gebäude befinden sich in unmittelbarer Nähe, die wegen des bei den Ausgrabungen absinkenden Grundwasserspiegels abgestützt werden müssen? Von welcher Festigkeit ist der Untergrund, wie schwierig gestalten sich die notwendigen Sprengungen? Manhattan ist bekanntlich auf kilometertiefem, hartem Felsuntergrund errichtet, doch gibt es auch hier Bereiche, in denen der Grundstein relativ brüchig ist. Bereits am Ausgang des letzten Jahrhunderts mußten für das *Manhattan Life Insurance Building* über 20 Meter ausgeschachtet werden. Da auch der Boden, auf dem die *Chase Manhattan Bank* errichtet werden sollte, zum Teil aus feinem rötlichen Sand bestand, wurden chemische Erdkonsolidationen vorgenommen. Für das *World Trade Center* wiederum wurden fast eine Million Kubikmeter Glimmerschiefer ausgehoben und am Hudson-Ufer zu einer Fläche von über neun Hektar Neuland aufgeschüttet, auf dem Jahre später der Hochhauskomplex von *Battery Park City* entstand. In das feuchte Erdreich ließ man eine »Badewanne« aus Beton ein, die die Gefahr einer Erdabsenkung durch das Auspumpen von Wasser abwenden half.

In Chicago gestalteten sich die Aushubarbeiten seit jeher entschieden ungünstiger als in New York: Die Stadt liegt nur ein paar Fuß über dem Lake Michigan auf einem Bett von leicht nachgebender Sumpferde. Schon früh unterlegte man deshalb den Gebäuden Fundamente aus Eisenbahnschienen, die kreuzweise angeordnet und einbetoniert wurden. Den *Sears Tower* beispielsweise stützen 114 Felscaissons (Senkkästen), von denen jeder einzelne tief im Erdreich verankert ist.

Eine der faszinierendsten Expertenarbeiten ist die Sprengung alter Wolkenkratzer oder des felsigen Untergrunds. In dicht besiedelten Stadtgebieten bedarf es oft monatelanger Vorbereitungen, bis ein Bauwerk durch die geschickte Plazierung des Dynamits so in sich zusammenfällt, daß auch nicht ein einziger fliegender Stein das Grundstück verläßt. Der Felsabbau wiederum erfolgt mit Sensoren und in Abständen von Sekundenteilen, was die Schockwellen beträchtlich abschwächt. Wenn dann Gleiskettenkrane aufgestellt werden sollen, müssen Fachleute der Stadtverwaltung erst eine sonntägliche Route für deren Transport zum Grundstück ausarbeiten. Diese Krane erreichen zum Teil die Höhe eines 40geschossigen Bauwerks, wiegen bis zu 200 Tonnen und können eine Ladung bis zu 50 Tonnen aufnehmen; an windigen Tagen herrschen in der Kanzel Schwankungen wie in einem sturmgeschüttelten Flugzeug. Sogenannte Känguruh-Krane mit geringem Radius benötigen hingegen keine Straßenfläche, und Turmkrane können mittels einer Hebewinde auf dem jeweiligen Bauabschnitt selbst befestigt werden.

Heutzutage werden alle Wolkenkratzer in Stahl- oder Betonbauweise errichtet – der Unterschied ist im nachhinein nicht mehr festzustellen. Meist jedoch wird eine Mischbauweise vorgezogen, da Stahl und Beton chemisch kompatibel sind. Auf jedem Stockwerk entsteht ein kompliziertes System aus Stützträgern, Holzbalken, Rampen, Verstrebungen und stahldurchzogenen Eisenschienen, in das dann der Beton gegossen wird. Die Arbeiter, die im Stahlhochbau in schwindelerregender Höhe auf den Balken balancieren und sie mit den Pfeilern verstreben, sind die heimlichen Könige auf der Baustelle. Es gibt unter ihnen seit jeher auffallend viele Mohawk-Indianer, die aus ihren Reservaten in Upstate New York, Ontario und Quebec angereist kommen. Der Ruf der Schwindelfreiheit ging ihnen schon zu Zeiten voraus, als sie noch als Nieter im Brückenbau beschäftigt waren. Wenn man ihnen bei ihren anscheinend mühelosen Bewegungen zusieht, gewinnt die Höhe eine Selbstverständlichkeit, die erdgebundene Stadtbürger erst in der Sicherheit von verglasten Aussichtskanzeln zurückgewinnen können.

Zur Geschichte des Wolkenkratzers

Die frühe Chicago-Schule

Ausschließlich in Chicago die Wiege der modernen Wolkenkratzer-architektur ausmachen zu wollen, wäre gewiß eine zu einseitige Betrachtungsweise; doch noch heute ist die Stadt am Lake Michigan von allen amerikanischen Metropolen diejenige, in der sich die Entwicklung des Bautypus am klarsten, ja in fast enzyklopädischer Vollständigkeit zurückverfolgen läßt. Wer nach Chicago kommt, den erwartet ein ganz und gar nicht archäologisches, sondern ein lebendiges Museum für Architekturgeschichte. Gegenüber der etwas theatralischen Selbstinszenierung New Yorks, die in Krisen-zeiten allzu leicht in larmoyante Untergangsstimmung umschlägt, besitzt Chicago eine pragmatisch-nüchterne Schönheit.

Wie Eric Homberger (in Bradbury/McFarlane 1976, S. 151 f.) bemerkt, repräsentieren beide Städte alles, was in der amerikani-schen Gesellschaft des 19. Jahrhunderts neu war, nur daß es sich um sehr unterschiedliche Formen von Modernität handelte. In Chicago offenbarte das Neue einen rauhen, strengen, auf Zweckhaftigkeit ausgerichteten Zug, der sich vom kulturellen Selbstbewußtsein der Ostküstenstädte fundamental unterschied. Hier herrschte ein utili-taristisches Kalkül, wie die Entwicklung fortschrittlicher Technolo-gien den ökonomischen Wandel – vor allem in der Landwirtschaft – befördern könne. Der Hochhausbau folgte dieser Kosten-Nutzen-Rechnung: Die Größe eines Bauwerks bedeutete zuallererst einen Zuwachs an Rendite und eine rationelle Konzentration von mitein-ander koordinierbaren Arbeitsabläufen. Wenn uns die ebenmäßige Grundrißorganisation und die »Chicagoer Fenster« – breite, von schlanken Stahlprofilen eingefaßte Fensterflächen – heute an der

34   Chicagoer Fenster: Marquette Building, Chicago

Schönheit einfacher geometrischer Formen teilhaben lassen, so unterlagen ihnen ursprünglich eher kühle Überlegungen der Raumnutzung und des optimalen Lichteinfalls (Abb. 34). Eben dies ist gemeint, wenn der Chicagoer Schule eine besondere Fähigkeit zugeschrieben wird, strukturelle Formen für funktionale Gebrauchsziele nutzbar zu machen.

Chicagos rapides Wachstum als Industrie-, Handels- und Verkehrszentrum im mittleren Westen läßt sich an einem Zahlenvergleich mit Manhattan aufzeigen: Während die Einwohnerzahl von Chicago 1850 noch 30 000 betrug, verzehnfachte sie sich bis 1870 auf 300 000 (Manhattan 942 000) und stieg bis 1890 auf 1,1 Millionen (Manhattan 1,5 Millionen). Eines der folgenreichsten Daten in der Geschichte der Stadt ist der 8. Oktober 1871, als ein zwei Tage währendes Großfeuer ein dichtbesiedeltes Gebiet von etwa 2000 Morgen zerstörte, fast 300 Menschen das Leben kostete und Hunderttausende obdachlos machte. Chicago bot ein Bild der Verwüstung, da nicht allein die einfachen Holzbauten von der Katastrophe betroffen waren, sondern selbst vermeintlich feuerbeständige Baumaterialien

wie Gußeisen im Nu schmolzen und das Feuer weitertrugen. Freilich schuf die Katastrophe auch einen neuen Mythos: So wie Phönix
in der römischen Mythologie aus der Asche neu geboren aufsteigt,
sollte auch Chicago einen totalen Neubeginn wagen und sich fortan
allen Errungenschaften der Technik öffnen. Dieser optimistische
Idealismus nach dem Desaster trug die prototypisch amerikanischen
Züge eines unbezwingbaren Pioniergeistes, war aber auch von einer
pragmatischen Grundhaltung durchwirkt. Die ersten Architekten,
die nach dem Feuer nach Chicago kamen, bauten zwar noch im
historisierenden Stil der Epoche, doch schon unter Verwendung
feuerfester Materialien, zu denen auch die Ummantelung von Eisen-
und Stahlträgern mit Verblenderziegeln gehörte.

Ob die Katastrophe die Entwicklung des Hochhauses eher för-
derte oder hinauszögerte, ist heute nur schwer zu entscheiden.
Letztlich hat wohl zu dieser Entwicklung stärker beigetragen, daß
sich finanzstarke Großbetriebe hier niederließen, die eng mit den
Namen von Oligarchen wie McCormick, Marshall Field, Sears Roebuck und Montgomery Ward verknüpft sind. Mit dem Handel mit
Weizen ging die Ansiedelung einer gigantischen fleischverarbeiten-
den Industrie einher, die wiederum einen schnellen Ausbau der
Schienenverbindungen erzwang. Auf diese Weise entstand eine
dienstleistungs- und verwaltungsabhängige Wirtschaft auf der Suche
nach Büroraum. Wenn der Dichter Carl Sandberg für Chicago auf
den Beinamen »Porkopolis« verfiel und Louis Sullivan meinte, Chicagos Kultur sei nur für Schweine und Schlächter geeignet, so trifft
dies eher eine in technisch-industriellen Kategorien befangene
Denkweise der Investoren. In New York hatten sich Geschäftsleute
von nationalen wie internationalen Firmen niedergelassen, die auch
in der Bauweise einen bleibenden Eindruck von Geschmack und
Kultur hinterlassen wollten; sie bevorzugten eine reiche Ornamentik, antikisierende oder französisierende Stilmuster und eine glanz-
volle Innenausstattung. Die Chicagoer Architekten berichten von
ganz anderen Wünschen ihrer Auftraggeber: Sie sollten praktisch,
zeitgemäß und vor allem kostensparend bauen.

Dennoch stand diese Haltung dem Naturell der Architekten gar
nicht so sehr entgegen. Mit Ausnahme des in vielerlei Hinsicht
einzigartigen Louis Sullivan verstanden sie sich weniger als inspi-

35　First Leiter Building, Chicago

rierte »Künstler« denn als dem utilitaristischen Denken verpflichtete
Bauingenieure. Schon ihre Biographien weisen die meisten Architekten als pragmatisch veranlagte Selfmademen aus. John Wellborn
Root beispielsweise war in den fünfziger Jahren am Bau der Panama
Railroad beteiligt gewesen und hatte sich während des Bürgerkriegs
der Armee angeschlossen. Daniel H. Burnham war bei den Aufnah-
meprüfungen sowohl für Harvard als auch für Yale durchgefallen

und hatte an einer Goldgräberexpedition in den Wilden Westen teilgenommen, bevor er mit Root eine höchst erfolgreiche Partnerschaft einging. William Le Baron Jenney hatte im Bürgerkrieg als Pionieroffizier gedient und von 1853 bis 1856 in Paris an der »École Centrale des Arts et Manufacture« Ingenieurwissenschaften studiert. Sullivan hingegen hatte nach einem Jahr am Massachusetts Institute of Technology zwar für sechs Monate auch an der renommierten »École des Beaux-Arts« gelernt, die dortige Architekturschule aber als steril und »akademisch« empfunden. Ein Architekt, der sich als Konstrukteur verstand, sollte seiner Ansicht nach besser die »École Polytechnique« besuchen.

Wie ihre Klienten umhüllten sich auch die Architekten mit einer Aura nüchternen Technikgeistes, dem die verläßlichen Erfahrungswissenschaften mehr galten als die Schönen Künste. Auf der Basis dieser Haltung entstanden im räumlich begrenzten Geschäftsbereich des Loop, einer geschlossenen Hochbahnschleife im Herzen der Stadt und südlich des Chicago River, viele der bedeutendsten Hochbauten, die die Frühzeit des Wolkenkratzers aufzuweisen hat. Wie auch in New York wirkten die sprunghaft steigenden Grundstückspreise zusätzlich als Magnet: Mußte man 1880 im Loop-Distrikt noch 130 000 Dollar für ein Stück Land von einem viertel Acker bezahlen, so waren es zehn Jahre später bereits 900 000 Dollar. Die hieraus folgende Konzentration von Gebäuden hat heute den Vorteil, daß wohl nirgendwo auf der Welt eine Exkursion in die Geschichte moderner Hochhausarchitektur so mühelos, gleichsam im Spaziergang zu bewältigen ist.

Le Baron Jenney hat von allen Chicagoer Architekten am zielstrebigsten nach praktischen Zwecklösungen gesucht, was ihn zum Pionier, wenn auch nicht zum Vollender der Chicagoer Schule prädestinierte. Sein siebenstöckiges *First Leiter Building* (1879, Abb. 35), bei dem die Mauerwerkspfeiler der Außenwand von ihrer deckentragenden Funktion befreit waren, mag von der Konstruktion her weit mehr zu befriedigen als das fünf Jahre später entstandene *Home Insurance Building*. Das Gußeisenskelett mit gleichmäßigen Intervallen zwischen den Stützen bildete ein durchgehendes Muster der Geschosse vom Sockel bis zum Dach – ein Muster, das nur wenig

36   Second Leiter Building, Chicago

37   Manhattan Building, Chicago   ▷

ornamental verdeckt, sondern seine Bestimmung für einen Zweck-
bau klar bekennt. Es ist gerade die bestechend simple Komposition
der Fassade, aus der das *First Leiter Building* seine ästhetische Wirkung bezieht: Die von Mauerwerk gerahmten Fensterrechtecke sind
mit je drei Fenstern gefüllt, die vom Boden zur Decke reichen und
damit einen optimalen Einfall des Tageslichts erlauben. Der gläserne
Kasten der Moderne ist hier, soweit es die technischen Möglichkeiten zuließen, im Ansatz bereits vorweggenommen. Was durch die
Prinzipien der Wiederholung und Auslassung eine Verarmung der
künstlerischen Gestaltungsmittel hätte bedeuten können, brachte in
Wirklichkeit einen Zuwachs an Originalität.

Jenneys *Second Leiter Building* in 403 South State Street, entstanden von 1889 bis 1891, ein riesiger, prismatisch-rechteckiger Waren-
hausbau aus weißem Granit (Abb. 36), löste mit seinem Stahl- und

Gußeisenskelett auch strukturell ein, was am *First Leiter Building* noch technisch unausgereift und an der kleinzellig angelegten Fensterfront des *Home Insurance Building* architektonisch nur halbherzig gelöst war. Hier nun wurde der Rahmen zu einem unverdeckten Mittel des Ausdrucks. Die vertikalen Linien der bis zum Kranzgesims durchschießenden und ungleichmäßig porportionierten Fassadenpilaster korrespondieren mit den Horizontalstreben und machen die innere Eisenkonstruktion in ihren großzügig bemessenen Spannweiten nach außen hin sichtbar. In seiner strukturellen Ökonomie ist dieses Warenhaus ein Musterbeispiel für den »kommerziellen Stil« der Chicago-Architektur.

Das 16stöckige *Manhattan Building* von 1890 (431 South Dearborn Street) vertauscht die Einfachheit des *First Leiter Building* mit einer geradezu atemberaubenden Vielfalt der Fensterfront, die in ihrer additiven Gliederung fast hybride Züge trägt (Abb. 37). Neben dem inzwischen abgerissenen *Rand McNally Building* handelt es sich um das erste Hochhaus, das eine durchgehende Skelettkonstruktion aufweist. Allerdings »komponierte« Jenney auf dieser Konstruktion eine Stilfassade, der die Unentschlossenheit des Entwurfs deutlich anzusehen ist. Über den konventionellen Doppelfenstern am Rustikasockel spannen sich trapezförmig Erker, eingesäumt von Erkerfenstern, die dreieckig aus gerundeten Gesimsen herauskragen. Die Kapitelle finden nach neun Geschossen in einem Kranzgesims ihren Abschluß, doch endet damit noch nicht das Gebäude, das sich in einer dreigeschossigen Pilasterfolge, einem Mezzaningeschoß und einem Dachgesims fortsetzt. Das *Manhattan Building* ist damit zweierlei: ein unfertiger, ständig neu angestückelter Renaissancepalast und zugleich ein klassisches Chicagoer Bürohochhaus. Dieses Gebäude ist somit ein Dokument des Zwiespalts zwischen Traditionalismus und Modernität – ein im Grunde unmöglicher Kompromiß, der nur deshalb funktioniert, weil die Fassade zu einer wahren Entdeckungsreise all ihrer Brüche und Widersprüche auffordert.

Wenn von den strengen und einfachen, vornehmlich funktionalen Skelettkonstruktionen der Chicagoer Schule die Rede ist, ist neben Jenney vor allem das Büro von William Holabird und Martin Roche

38   Tacoma Building, Chicago

zu nennen. Die beiden Partner waren nüchterne Empiriker, die als
gute Geschäftsleute eine standardisierte Form des Hochhausbaus
auf hohem technischen Niveau anstrebten. Zweifellos gehören auch
sie nicht zu den Vollendern der Chicagoer Baukunst wie Sullivan
oder Burnham & Root. Ihr einfallsreicher Utilitarismus hingegen,

der unermüdlich nach allgemein einsichtigen und dennoch unorthodoxen Lösungen suchte, besitzt viel vom Genius der Stadt insgesamt. Ihre Gebäude weisen eine Klarheit der Konstruktion auf, die nie eintönig wirkt, sondern die poetische Kraft einfacher Formensprache auszudrücken vermag.

Holabird & Roches *Tacoma Building* (1886–1889, abgerissen 1929, Abb. 38) galt lange Zeit als das ideale Modell einer Synthese von Struktur und Form, Effizienz und Schönheit. Zwischen den einfach umhüllten Metallprofilen spannen sich weite Flächen von Glas, rhythmisch aufgelockert durch Erker, die den Lichteinfall von drei Seiten her erlauben und in ihrer vollendeten Integration in die Gesamtkonstruktion ein Gefühl von Leichtigkeit und Offenheit vermitteln. Das *Tacoma* war das erste Gebäude, dessen Eisen- und Stahlrahmen mit Nietungen verbunden wurde, was Schnelligkeit und Ökonomie des Bauens fortan erhöhen sollte.

Das *Pontiac Building* von 1891 (Abb. 39) in der 542 South Dearborn Street ist das älteste noch erhaltene Bauwerk von Holabird & Roche, bei dem Backsteinmauern den Skelettrahmen ummanteln. Die im Vergleich zum *Tacoma Building* nur leicht hervortretenden Seitenerker spannen sich so weit, daß jeweils der vertikal verlaufende Teil des Rahmens nach außen hin verdeckt bleibt. Erst das sechzehnstöckige *Marquette Building* (1894; 140 South Dearborn Street) brachte den richtungweisenden Durchbruch, der gleichzeitig eine Zusammenfassung all dessen bedeutete, was an klar proportionierten Strukturen und Durchsichtigkeit des konstruktiven Grundprinzips bis dahin entwickelt worden war. Das Muster wird gleichsam auf einen Blick deutlich, da die durchlaufenden vertikalen Pfeiler den tragenden Stützen im Innern entsprechen, während dort, wo es keine Stützen zu verdeutlichen gibt, zurückgesetzte dünne Metallsprossen eingefügt sind. Vor allem aber ist das »Chicagoer Fenster« hier zur Vollendung gebracht: Eine breite, horizontal gestreckte Scheibe ist auf beiden Seiten von Drehfenstern flankiert. So entsteht ein Arrangement von gläsernen Rechtecken, deren Rahmung das darunterliegende Stahlgerüst auf einmalige Weise transparent macht. Das *Marquette Building* bestätigt eine Regel der Chicagoer Architektur, die lautet, daß der Eindruck von Höhe nicht allein durch spitz nach oben strebende »gotische« Formen erzielt wird,

39   Pontiac Building, Chicago

40   Old Colony Building, Chicago

sondern auch durch die sich wechselseitig unterstützende Balance von horizontalen und vertikalen Elementen. Wieder erweist sich, daß Höhe keine absolute Größe, sondern ein Problem der Proportionierung ist.

Das *Old Colony Building* (1894; 407 South Dearborn Street) wäre, wenn es nicht an den Ecken markante, zylindrisch gerundete Erker aufwiese (Abb. 40), der frühe Prototyp eines hohen Scheibenhauses. Um aber eine gewisse Symmetrie der Fassadenteile herzustellen, haben Holabird & Roche auf der Längsseite mit Pfeilerreihen einen stark vertikalen Akzent gesetzt, während an der Schmalseite kontinuierlich verlaufende Querschwellen und Fensterbänke eine Korrektur ins Horizontale vornehmen.

Die bisher beschriebenen Gebäude zeichnet ein Hang zur nüchternen Gliederung aus, die in ihrer Sichtbarmachung der Konstruktion das ethische Moment von Aufrichtigkeit in das ästhetische Moment von Schönheit verwandelt. Was den Bauten weitgehend fehlt, was ihnen auch – wie vor allem das *Manhattan Building* beweist – nicht so recht gelingen mag, ist eine Plastizität der Formensprache, die das Raster bestätigte und zugleich aufbräche, ohne daß es dabei zu einem Rückgriff auf das tradierte Vokabular der Ornamentik kommen müßte.

Damit ist mittelbar aber schon die Leistung von Daniel H. Burnham und John Wellborn Root beschrieben, deren Partnerschaft bis zu Roots frühem Tod im Jahr 1891 eine Reihe von architektonischen Meisterwerken hervorbrachte. Mit dem neunstöckigen Backsteinbau des *Montauk Building* von 1882, der bereits 1902 wieder abgerissen wurde, schien Burnham & Root zunächst nicht viel mehr als ein Aufeinanderschichten von Einzelstockwerken gelungen zu sein, die durch ein etwas monotones System von Fensterbögen charakterisiert sind. Doch mehr als durch seinen ästhetischen Appellwert ist dieses Monument einer »fast mönchischen Strenge« (Condit 1964, S. 55) durch seine technische Planung bekannt geworden, die neue Maßstäbe setzte. Die Bauherren, sparsam denkende Geschäftsleute aus Boston, gaben den Architekten einen für die Ergebnisse der Chicagoer Schule bezeichnenden Ratschlag mit auf den Weg: »Das Gebäude ist völlig auf seine Benutzung hin konzipiert und nicht zur

Zierde. Seine Schönheit wird in seiner völligen Dienstbarmachung für den Gebrauch bestehen.« (Condit 1964, S. 52) Anschließend folgen detaillierte Vorschläge für Belüftung, Feuerschutz, Reinhaltung, Reparaturfreundlichkeit und so weiter. Um den Druck des Gewichts besser zu verteilen, was sich angesichts des eher weichen Sand- und Lehmbodens in Chicago dringlich empfahl, wurde dem Gebäude eine mit Eisenschienen verstärkte, floßähnliche Betonbasis unterlegt. Das neue System aus Hohlstein, mit dem gußeiserne Säulen und Bodenstützen ummantelt wurden, sowie die zentrale Unterbringung der Heizung und anderer Installationen in einem einzigen Nutzungsschacht verbanden Bedürfnisse der Sicherheit mit denen der Ökonomie und des »common sense«. Man darf annehmen, daß schon die spärlichen Terrakotta-Bänder an der Außenfassade von den Auftraggebern als Modetorheit und unnütze Extravaganz verstanden wurden: »Natürlich kümmern sich die Architekten nicht um die künftigen Kosten für Reparatur und Aufrechterhaltung, eine Summe, die man sich wohl überlegen muß.« (Condit 1964, S. 53)

Das 1886 entworfene und fünf Jahre später vollendete elfgeschossige *Rookery* (»Krähenhorst«) in 209 South LaSalle Street (Abb. 41), das seinen scherzhaften Namen wegen der hier einst massenhaft versammelten Tauben erhielt, mag mit seiner Mischung aus tragendem, dunkelrotem Mauerwerk, gußeisernen Pfeilern sowie schmiedeeisernen und stählernen Balken aus technischer Sicht nur ein Übergangsgebäude darstellen; doch es gibt nur wenige Chicagoer Hochhäuser, die Struktur und Ornament, Kraft und Feingliedrigkeit derart eindrucksvoll vereinen: weder erschlägt die massige Fassade die dekorativen Details, noch verstellt eine allzu üppige Ornamentik die Klarheit der Proportionen. Das solide Sockelgeschoß läßt reichlich Raum für Schaufenster, und über dem monumentalen Eingangsbogen, der Roots Schulung an romanischen Stilmustern verrät, türmen sich breite Erker. Die vertikalen Fensterreihen, in Fensterbändern auch horizontal organisiert, finden ihren Abschluß in einem Attikageschoß oberhalb eines vorkragenden Gesimses, gekrönt von einer Terrakotta-Brüstung, die mit Renaissancezinnen und maurischen Kuppeln versehen ist. Der Stileklektizismus vermittelt nun keineswegs den Eindruck eines dysfunktionalen Durcheinanders, da in der Ausbalanciertheit der verschiedenen Elemente und in der souverän-

41   Rookery, Chicago

humorvollen Anmut der Gesamtstruktur sowohl konstruktive Dis-
zipliniertheit als auch eine kontrollierte Verspieltheit vorherrschen.
Der strenge Funktionalismus der Chicagoer Schule hatte immer
wieder auch Phasen der Auflockerung, so als dürfte auf den Nach-
weis höchster Ingenieurleistung auch ein Beweis stilistischer Virtuosität folgen.

Das innovativste Element der *Rookery* ist allerdings seine quadratische Grundrißorganisation: ein von Büros umgebener Innenhof, dessen beide unteren Geschosse ein Glasdach bedeckt (Abb. 42). Dieses Lichtdach erst verleiht, zusammen mit den weißglacierten Terrakotta-Innenwänden, einen reizvollen Kontrast zwischen dem schweren Mauerwerk und der feinstrukturierten Glas- und Eisenkonstruktion. Die von Frank Lloyd Wright von 1905 bis 1907 durchgeführte Modernisierung der Lobby mittels Marmorverkleidung der gußeisernen Säulen und zeitgenössischen Deckenlampen gibt dem Raum eine Eleganz, die sich – gleichsam in Fortsetzung des für den gesamten Bau gültigen Stilprinzips – der geglückten Synthese aus tradierten Kunstformen und einer typisch »amerikanischen« Zweckmäßigkeit verdankt.

42   Rookery, Innenhof

43   Monadnock Building, Chicago

Burnham & Roots *Monadnock Building* aus dem Jahre 1891 (53 West Jackson Boulevard; Abb. 43) markiert von allen Chicagoer Gebäuden die auffälligste Kluft zwischen konventioneller Bauweise, repräsentiert durch das tragende Mauerwerk, und nach vorne weisender visueller Attraktivität. Nach dem Willen des Bauherrn sollte es keine vorspringenden Flächen oder Einschnitte geben, da solche Vorsprünge doch nur Schmutz und Taubendreck nach sich zögen. Was hier als banale Anweisung erscheint, gab nach anfänglichem Zögern Root den Anstoß zur Planung eines Gebäudes, das mit seinen fließenden rhythmischen Bewegungen gar als kinetische Skulptur und »plastische Kunst« gedeutet wurde (Bach 1980, S. XXIII). Paul Goldberger sieht im Fehlen des Dekors und der monumentalen Einfachheit des massiven Mauerwerks bereits einen Verweis auf den abstrakten Minimalismus des 20. Jahrhunderts (1984, S. 32). Die strenge Geometrie des *Monadnock* ist jedoch gemildert durch die sanft ausschwingenden Erker und die in der Fassade nach innen verlaufenden Kurven unmittelbar über dem Sokkel des Grundgeschosses – eine Bewegung, die unter dem Dach durch eine nach außen verlaufende Mauerabschrägung wieder revidiert wird. Root dachte nach eigener Aussage an die wuchtigen Abschrägungen einer ägyptischen Pyramide, was ihn auch auf jegliche Ornamentik verzichten ließ. Das Ergebnis ist ein Hochhaus, das mit seiner 1,80 Meter dicken Mauerwand im Untergeschoß einerseits an eine Befestigungsanlage erinnert, das aber andererseits durch die elegante Proportionierung der Linien sowie die skulpturale Durchformung die industrielle Architektur des frühen 20. Jahrhunderts beispielhaft vorwegnimmt.

Nach Roots Tod führte Burnham die Firma unter seinem alleinigen Namen weiter, wobei er es verstand, hervorragende Entwurfsarchitekten und Bautechniker zu gewinnen. Das vierzehnstöckige *Reliance Building* (1895, 32 North State Street) verzichtet völlig auf Säulen und Pfeiler in der Fassade und teilt die großzügigen Glasflächen des »Chicagoer Fensters« nur noch durch äußerst schlanke Mittelpfosten. Da das Glas überdies nahezu bündig mit den Spandrillen abschließt, die dünne Bänder aus cremefarben glaciertem Terracotta bilden, entsteht ein schwerelos erscheinender Vorhang,

Farblegenden

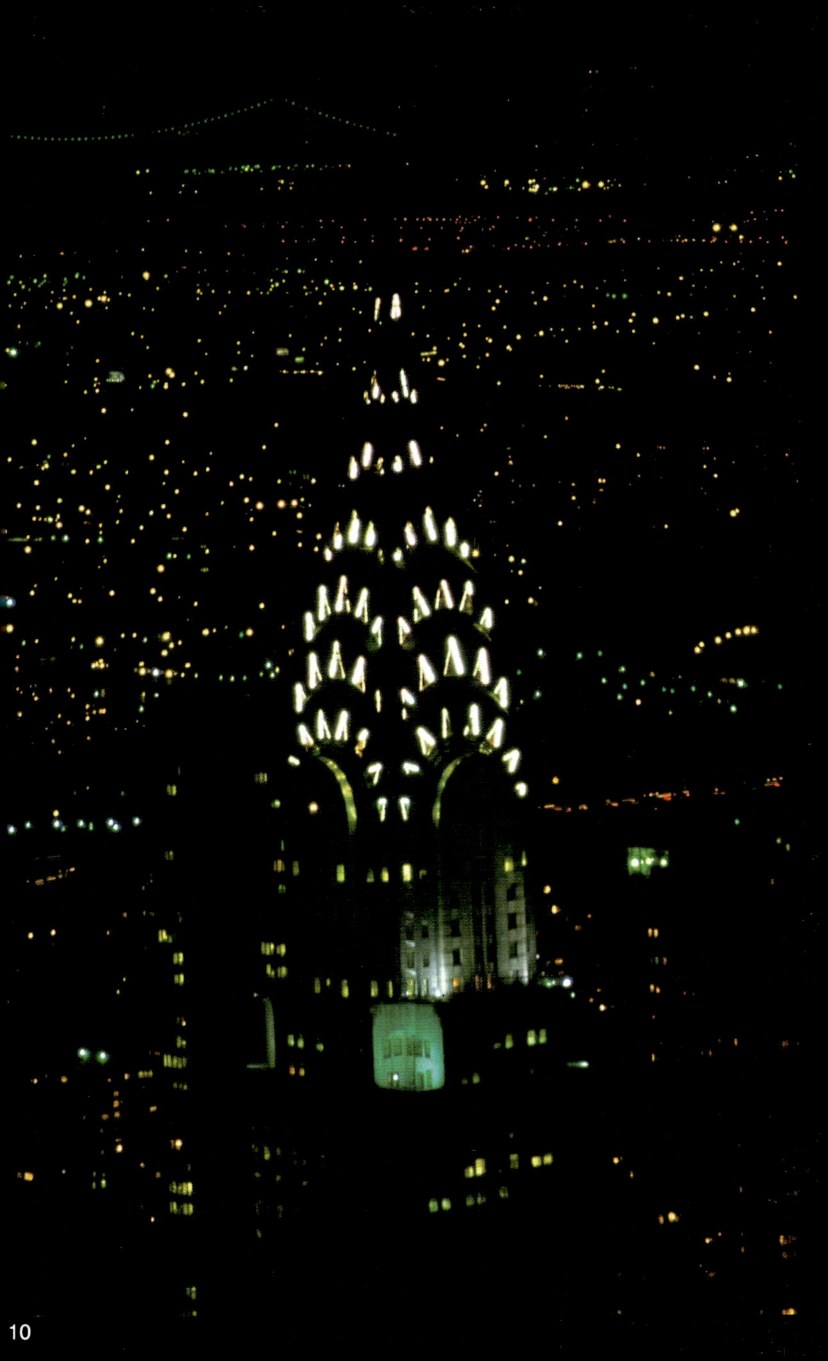

11

12

330

13

der an Eleganz und Transparenz von keinem anderen Gebäude in Chicago übertroffen wird (Abb. 44). Man muß heute freilich schon ein gehöriges Maß an Phantasie entwickeln, um das Revolutionäre dieses Eckhauses zu erahnen: Die verschmutzte Fassade läßt den Traum von Alabaster, wie er in der Beaux-Arts-Bewegung geträumt wurde, kaum mehr zu, und der durch Reklame verschandelte Sockel stoppt auf brutale Weise die wie entmaterialisiert wirkende Leichtigkeit der Glashaut. In der rigorosen Reduzierung der Fassadenmauern ist dieser »aufregende Beweis der potentiellen kinetischen Ausdruckskraft der Baukunst« (Condit 1964, S. 111) ein Vorläufer des Schaffens von Mies van der Rohe und Le Corbusier in den zwanziger Jahren. Mit dem *Monadnock* und dem *Reliance Building* hat das 19. Jahrhundert in seiner letzten Dekade endgültig von sich Abschied genommen.

Burnhams 1896 vollendetes achtzehnstöckiges *Fisher Building* in 343 South Dearborn Street (Abb. 45) ähnelt in der offenen Behandlung des Stahlgerüsts dem *Reliance Building,* zeigt sich aber sehr viel stärker vom Historismus und Stileklektizismus europäischer Vorbilder inspiriert. Paradoxerweise entsteht aus dieser Rückwendung zugleich die Antizipation eines Wolkenkratzertypus, der ganz bewußt die vertikalen Elemente gotischer Baukunst einsetzt. Bis ins Detail der schmalen, stabähnlichen Säulen, die einzeln oder gebündelt zwischen den Fensterreihen hochstreben, bis in die Einzelheiten der filigranen Ausarbeitung von Maßwerk und Fialen (der Bekrönung der Strebepfeiler) ist hier ein markanter Stilwechsel vorgenommen. Schien nämlich bei fast allen bisherigen Hochhäusern, so gestreckt sie auch sein mochten, das Modell des Renaissance-Palazzo durch, so verweist das *Fisher Building,* wenn es um den Ausdruck von Höhe geht, auf das sehr viel näherliegende Vorbild des gotischen Gerüstbaus. Nähme man für einen Augenblick die Differenzierung in »Hochhaus« und »Wolkenkratzer« ernster, als sie es historisch verdient, so würde Burnhams Bauwerk wohl den entscheidenden Übergang markieren; und das hängt auch mit dem hier sichtbaren gesteigerten kulturellen Repräsentationsbedürfnis zusammen, das sich der Legitimation durch tradierte Stilvorbilder versichern will. Zur Bedeutung des *Fisher Building* gehört es jedoch, daß es – anders als viele spätere ›gotische‹ Bauten – den Konstrukti-

44 Reliance Building, Chicago

45 Fisher Building, Chicago

vismus nicht verleugnet. In diesem Sinne steht es ganz auf dem Boden der Tradition Chicagos.

Die gängige Charakterisierung Louis Sullivans als des bedeutendsten Architekten der Chicagoer Schule ist ebenso richtig, wie sie doch auch in die Irre führt. Denn obgleich Sullivan den technischen »Funktionalismus« der Ingenieurbauweise verteidigte und einschränkungslos nach wissenschaftlichen Bauregeln ohne individuelle Lösungen suchte, war er auch ein philosophisch gebildeter Romantiker, der hinter den Oberflächenerscheinungen das ›geheime Wesen eines Prinzips‹ ausfindig machen wollte. Einige seiner faszinierendsten Hochhäuser, in denen die einzigartige Spannbreite seiner Auffassungen in ebenso praktische wie formvollendete Ergebnisse überführt ist, stehen außerhalb von Chicago. Sullivans Modernität war zudem zu Beginn unseres Jahrhunderts, in einer Zeit historisierender Rückgriffe, »unmodern« geworden: Es fehlte ihr die Aura repräsentativer Kunst im Sinne vorgegebener europäischer Stilmuster. Als Sullivan 1924 72jährig starb, war er verarmt und im eigenen Land weitgehend vergessen. Heute wird sein Name in einem Atemzug mit Henry Robson Richardson, Frank Lloyd Wright und Mies van der Rohe genannt.

Louis Sullivan war nicht nur ein genialer Architekt, sondern zugleich der erste Theoretiker des Wolkenkratzers. Sein Essay »The Tall Office Building Artistically Considered« (»Das große Bürogebäude, künstlerisch betrachtet«, in: Huxtable 1986, S. 6–13) gehört zweifellos zu den großen Manifesten der modernen Baukunst. Es enthält jenes berühmte Postulat, das die Romantik des Wolkenkratzers am gültigsten formuliert – und dies aus der Feder eines Anhängers des europäischen Rationalismus (in: Huxtable 1986, S. 9):

»Wir müssen jetzt auf die befehlende Stimme der Emotion horchen. Sie fragt uns: Welches ist das Hauptmerkmal des großen Bürogebäudes? Und wir antworten sofort: Es ist sehr hoch. Und diese Höhe ist, vom Künstler aus gesehen, sein erregendes Merkmal. Sie ist der mächtig schwingende, aufrufende Orgelton. Und das Gebäude wiederum muß den Dominantakkord dieses Tones, der die Vorstellung reizt, zum Ausdruck bringen. Es muß hoch sein – jeder Zoll an ihm muß hoch sein. Die Kraft und Gewalt der Höhe müssen in ihm sein – der Glanz und der Stolz der Begeisterung. Bis ins kleinste muß es stolz und jubelnd sein, muß sich emporrecken in seinem Frohsinn darüber, daß es vom Boden bis zum höchsten Punkt ›eine Einheit‹ bildet, in der keine einzige Linie von der Richtung abweicht – daß es die frische, unerwartete, ausdrucksvolle Überwindung der nüchternsten, finsternsten, abstoßendsten Verhältnisse darstellt.«

Jeder Zoll an ihm soll stolz und hoch sein: allein an dieser Formulierung wird deutlich, daß für Sullivan die Höhe eine Frage des emotionalen Ausdrucks und der künstlerischen Eindrucksvermittlung ist: Durch sie wird die Konstruktion bestimmt, die es dem Blick erlaubt, ohne unnötige Ablenkungen nach oben zu gehen. Gleichzeitig symbolisiert der Wolkenkratzer für Sullivan einen ikarischen Ausbruch aus der Enge der Verhältnisse – als sichtbares Zeichen dafür, daß der Mensch sich ihnen nicht beugt. Immer wieder erstellt dieser Architekt in seiner Definition von Vertikalität auch eine anthropomorphe Analogie zum stolzen Gang des Menschen: der Bau streckt sich, steht auf zwei Beinen, atmet und lebt…

In Sullivans idealistischem Denken fand nicht die banale Auffassung Platz, daß ein Wolkenkratzer schon dadurch definiert ist, daß er um ein Vielfaches höher als seine Grundrißmaße ist. Als der Palazzo noch das Vorbild auch für Hochhäuser abgab, war die Versuchung groß, die Geschosse einfach nach Belieben aufzustocken wie ein Kartenhaus, wobei eine solche Stapelung von Geschoßflächen die Fassade ihrer überzeugenden Gliederung beraubte. Sullivan wußte, daß erst die logische Beziehung der Teile untereinander eine Bewegung schafft, die ihrerseits das Gefühl von Vertikalität erzeugt. Wie stark auch spätere Architekten dieser Auffassung verpflichtet waren, zeigt etwa Eero Saarinens Bemerkung zur Konstruktion des *CBS Building* in New York: »Die Vertikalität des Turms wird durch das Relief betont, das durch die dreieckigen Pfeiler zwischen den Fenstern geschaffen wird. Sie beginnen am Grund und streben 491 Fuß empor.«

In seinem bereits erwähnten Aufsatz »The Tall Office Building« stellt Sullivan auch jene merksatzhafte Formel auf, die in ihrer Kürze eher dazu beigetragen hat, das Gemeinte zu verwirren als zu klären: »Form follows function« – die Form folgt der Funktion. Die einst gängige, inzwischen aber kaum mehr vertretbare Lesart, nach der hier ein rigider, mathematisch-technologischer Funktionalismus postuliert wird, dem sich die Form einfach nur zu unterwerfen habe, läßt sich bei genauerer Betrachtung der Passage nicht aufrechterhalten. Sullivans künstlerische Auffassung ist nämlich an organischen Prinzipien orientiert, die die Gesetzmäßigkeit einer natürlichen Einheit von Geist und Materie zum Vorbild nehmen; daher rühren unter anderem die metaphorischen Verweise auf die stolzen Schwingen des Adlers, die Geometrie der sich öffnenden Apfelblüte und das majestätische Gleiten des Schwans. Auch ein Gebäude besitzt dieser Auffassung zufolge eine Morphologie, die seinem besonderen Charakter und den Bedürfnissen seiner Benutzer entspringt; daraus ergebe sich eine Verbindung von Funktion und emotionalem Ausdruck. Sullivan war davon überzeugt, daß es zum Wesen eines jeden Problems – auch des Bauproblems – gehöre, seine eigene Lösung zu beinhalten: Dies ist ein Nachhall von Roots Überzeugung, daß formale Lösungen nur aus den inhärenten Elementen struktureller Probleme gewonnen werden können. Anders gesagt: Die Form besitzt eine Logik des Ausdrucks, die sich an seinen pragmatischen Funktionen orientiert. Gestalt und Aufgabe eines Hochhauses klaffen vor allem dann auseinander, wenn der Architekt, statt für Materialgerechtigkeit und Transparenz der Konstruktion zu sorgen, einzig überflüssiges Beiwerk borgt.

Die Aussage des Architekten Marcel Breuer, Sullivan habe den Funktionalismus nie so heiß gegessen, wie er ihn gekocht habe, basiert so von vornherein auf einem Mißverständnis. Denn Sullivans aus der Naturlehre entliehener Begriff der Funktion war keineswegs gegen jegliche Form von Dekoration gerichtet. Wenn er in einer frühen Phase die Bedeutung des Ornaments hintanstellte, dann vor allem deshalb, weil er den Blick für den klassischen Aufbau eines Bürohochhauses schärfen wollte. Doch konnte für ihn das Ornament, um einen klassischen Satz von Adolf Loos aufzugreifen, kein Verbrechen sein (schon als Kind liebte es Sullivan, Blumen und Blätter zu zeichnen). Vielmehr diente es dazu, den strukturellen Rahmen eines Gebäudes hervorzuheben sowie Ausdrucksstärke und Kraft der Fassadengliederung noch zu erhöhen. Das Ornament war für ihn selbst ein Moment von Bewegung.

Während für seinen Zeitgenossen Root die Säule noch ein primär konstruktives Element war, das tragende Funktionen zu erfüllen hatte, erhob Sullivan sie in seiner Grammatik symbolbildender Formen zu einem Urbild des Hochhaus-Aufbaus. In Analogie zu ihrer klassischen Gestalt besteht sie aus Basis, Schaft und Kapitell. Die geformte, markant ausgeprägte Basis stellt dabei den Sockel der unteren Geschosse bereit; der glatte oder kannelierte Schaft umfaßt eine durchgehende Reihe von Büroetagen, eingeteilt in gleichartige Fenster mit Pfeiler, Sims und Sturz; das abschließende Kapitell erscheint als Kompromiß aus flacher Krone und Dachgesims. Der Wolkenkratzer wird in diesem idealtypischen Modell zu einer gestreckten Säule, die den Himmel stützt oder zumindest eine Brückenfunktion zwischen Himmel und Erde übernimmt. Im anthropomorphen Sinn besitzt er Fuß, Körper und Kopf.

Diese klassische Dreiteile-Theorie hat als typologisches Modell alle Wandlungen und Modifikationen überlebt. Es bündelt die Energie an Basis und Spitze und lenkt eine lange, stromhafte Bewegung im Mittelteil, so daß ein ausbalanciertes Zusammenspiel aus Proportion und Staffelung entsteht. Die gewichtigste Abweichung davon stellt das spätere glatthäutige Scheiben- und Prismenhochhaus mit Flachdach dar. Von dem Aufsichtsratsvorsitzenden der Pennzoil-Gesellschaft in Houston ist überliefert, daß er das Modell einer »hochkant gestellten Zigarrenschachtel« mit einer Bemerkung ablehnte, die deutlich an Sullivan erinnert: Er wolle ein Gebäude, das emporstrebe, sich nach oben strecke, »und ein flaches Dach strebt nicht empor« (Miller 1980, S. 10). Was also lag näher, als die in Trapezform entworfenen Zwillingstürme an ihrer Spitze im schrägen Winkel abzuschneiden? Aparte Kompromisse zwischen Kapitell und Flachdach bilden in unserer Ära der abgeschrägte Alu-Giebel des New Yorker *Citicorp* (Abb. 46), das Glasdach des Chicagoer *Associates Center*, das sich aus zwei Dreiecken zusammensetzt, und die in der Krone dramatisch zusammengeführten Abschlußtürme des *Texas Commerce Center* in Dallas.

46 Pultdach des Citicorp, New York ▷

48 Basis des Citicorp, New York

◁ 47 Geometrie der Ecken und Kanten: Leo Burnett Building, Chicago

Im schärfsten Kontrast zum Flachdach haben sich Hochhausbekrönungen herausgebildet, die nicht allein, wie es in Sullivans Absicht lag, einen würdigen und soliden Abschluß oberhalb der Gesimsleiste des Hauptblocks bildeten, sondern wie theatralische Ausrufezeichen wirken. Beispiele hierfür sind die glitzernde Glaskugel des *Paramount Building* am Times Square oder der farbige, an einen Sonnenuntergang gemahnende Mosaikabschluß des *Fred F. French Building;* andere Hochhausbekrönungen erinnern an die so beliebte Fioratura (eine achteckige, verzierte Krone) sowie an die aztekischen Treppenabschlüsse, die romanischen Kuppeln, die Pyramidenspitzen, kupfernen Giebeldächer, spiralförmigen Terrassierungen oder die übergroßen Lettern des Unternehmenssignums). Nach Montgomery Schuyler hat der Wolkenkratzerarchitekt nur in der Skyline, dem oberen Abschluß der Gebäude, auch als ›Künstler‹ eine Chance (zit. in Agrest 1977, S. 36).

Weit weniger überbordende Phantasie, dafür aber ein geschärftes Gefühl für Symmetrie und skulpturale Formgebung fordert dem

153

Architekten der Schaft eines Wolkenkratzers ab. An ihm entscheidet sich die durch das gewählte Material hervorgerufene Wirkung, sei es im massiven Erscheinungsbild von Steinquadern, sei es in der flirrenden Qualität einer gespannten Glasmembrane. Nicht wenige Gebäude besitzen einen eher langweiligen, aus der Verlegenheit der Wiederholung entstandenen Mittelteil, der zwar in den Verarbeitungsdetails zu überzeugen vermag, als plastisches Gesamtelement jedoch das bloße Prinzip der Geschoßanhäufung nicht überwinden kann. Der Architekt Moshe Safdie berichtet von einem interessanten Experiment (New York Times, 29. 5. 1988, Section H, S. 32): »In einem kürzlich gehaltenen Vortrag vor einem gutinformierten New Yorker Publikum zeigte ich Dias von bekannten Wolkenkratzern, von denen nur die Sockel und Spitzen verdeckt waren. Ich schlug ein Ratespiel vor: Wer kann die Gebäude benennen? Es herrschte Schweigen im Raum, als ein bekannter Bau nach dem anderen gezeigt und nicht identifiziert wurde.«

Wenn zudem die Fassade den Eindruck vermittelt, als seien die Fenster seriell ausgestanzt (wie in *123 North Wacker Drive*, Chicago) oder die Wand mit einer billigen Tapete überzogen (wie bei *One International Place*, Boston), verliert die Konstruktion an Dekor und Textur. Das Würdevolle großer Wolkenkratzer – von Sullivans *Wainwright Building* über Raymond Hoods *RCA Tower* bis hin zu Philip Johnsons *Transco Building* (Houston) – verdankt sich einer Einfachheit, die, vergleichbar vielen grandios simplen Skulpturen, über die komplexe Kinetik der dreidimensionalen Form hinwegtäuscht. Im Schaft kommt das Genie des Architekten zum Ausdruck, mit der Geometrie der Ecken und Kanten umzugehen: ob durch Prismenkombinationen, Facettierung der Querseiten (wie beim *IDS Center* in Minneapolis) oder durch abgekurvte beziehungsweise scharf gekantete Einschnitte (Abb. 47).

Aus heutiger Sicht scheint der moderne Kasten Miesscher Prägung der einfallsloseste Reißbrettentwurf zu sein. Dabei wird übersehen, daß Mies van der Rohe selbst ein wahrer Meister der Proportionierung von Stützen und Kanten war und bei ihm der Säulenschaft gerade von seiner steinernen Schwere befreit wurde.

Bei einem Wolkenkratzer ist die Basis nicht nur in jederlei Hinsicht das Entree, sondern sie stellt auch die Verbindung zur Straße her und bildet eine öffentliche Sockelzone, die Raum für die Eingangshalle, für Lifts, den Informationsschalter und neuerdings auch für Ruhe- und Erholungsbereiche bereitstellt. So definiert sie gleichsam die Beziehung zwischen der Stadt und dem Gebäude, zwischen der urban-öffentlichen Sphäre und der Dreiviertel-Privatheit der Geschäftsräume. Im Normalfall ist die Basis auch ganz banal der Teil des Gebäudes, der in Augenhöhe liegt und die Straße begrenzt, wenn der Wolkenkratzer nicht gerade in einer Plaza zurückversetzt oder »versenkt« ist. Der Sockel der *Rainier National Bank* in Seattle, der sich gegenüber dem Schaft erheblich verjüngt, wirkt geradezu wie eine in den Boden gebohrte Spitze. Und vom tradierten Schema weicht auch das *Citicorp* (New York) ab, das auf vier nach innen eingezogenen Pfeilern von je 34 Metern Höhe wie auf dicken Stelzen steht (Abb. 48). Ästhetisch und von der urbanen Planung her katastrophal erscheinen gekurvte Glasfassaden, die sich aggressiv in den Gehbereich drängen. Gleiches gilt für die Sockel, die sich gegen Bodenebene abgeschrägt verdicken, dabei die Straßenbegrenzung arrogant brechen und allenfalls durch ihre nervöse Unruhe erhöhte Aufmerksamkeit erzielen.

Die Basis des New Yorker *Solow Building* in der 57th Street, nahe dem Central Park, ist wohl eines der deprimierendsten Beispiele dafür, wie die vermeintlich bestechende architektonische Idee einer herabfallenden Kurve die ursprüngliche Funktion der ausgeprägten Säulenbasis pervertiert. Weitaus glücklicher gelöst scheint der wie eine Wasserkaskade abfallende Sockel von Helmut Jahns *Northwestern Terminal,* einem an einen Bahnhof angeschlossenen Chicagoer Wolkenkratzer (Abb. 49, 50), der, denkt man ihn sich horizontal, an einen silberblau und schwarz gestreiften Pullman-Eisenbahnwaggon der dreißiger Jahre erinnert. Der Kaskadeneffekt wird auch am abgestuften Sockel des *Trump Tower* erzielt; einige Vorsprünge setzen hier freilich so tief an, daß der ungewollte Eindruck einer an das Gebäude gelehnten Tretleiter oder einer Gangway entsteht.

Sullivans Dreiteile-Theorie schuf selbst dort, wo die Analogie zur Säule nicht mehr sichtbar ist, eine Morphologie des Wolkenkratzers, die noch heute gültig ist. Sie war kein bloßer Entwurf, sondern gründete auf Sullivans Beobachtungen in der Natur, in der er die Dreiheit mit jeweils spezifischen Funktionen und Aufgaben ausge-

stattet sah. Seine eigenen Bauten können dies am besten verdeutlichen. Sie erzielen eine so vollkommene Harmonie von Konstruktion und natürlicher Formgestalt, daß Theorie und Baupraxis auf seltene Weise übereinstimmen.

Louis Sullivan hat für Chicago großartige Bauwerke wie das *Auditorium*, die 1972 abgerissene *Stock Exchange* und das Kaufhaus *Carson Pirie Scott* errichtet, doch die Hochhäuser, die am gültigsten über seine Vorstellungen Auskunft geben, stehen anderswo. Das *Wainwright Building* (Abb. 51) in St. Louis (709 Chestnut Street), das er zusammen mit dem aus Deutschland gebürtigen Dankmar Adler entwarf, erfüllt geradezu ideal die Anforderung, »jeden Zoll« ein hochstrebendes Gebäude zu sein. Seine nur zehn Geschosse sind nicht einfach aufeinandergestellt, sondern bilden ein perfekt vertikales Aufrißsystem; dieses wird vor allem durch gleichlaufende orangefarbene Backsteinpilaster erzielt, die sich in schlanken Reihen über den doppelgeschossigen braunen Sandsteinsockel wie von

◁ 49 Northwestern Terminal, Chicago: Axonometrischer Entwurf von Helmut Jahn und Michael Budilovsky

50 Basis des Northwestern Terminal, Chicago

einem Säulenpostament erheben. Die Ausfachungen unter den zurückgesetzten Fenstern, die die Horizontalen des Stahlgerüsts zwar nicht vergessen machen, aber auch nicht überbetonen, sind mit Terrakottaornamenten verziert. Ohne diese reiche und doch kontrollierte Ornamentik würden die Pilaster allzu kalt und nackt in die Höhe streben, würde das Terrakotta-Kranzgesims, das unter einer weit hervorkragenden Dachplatte seine dekorative Pracht entfaltet, allzu drückend auf dem Gebäude lasten.

Wenn Sullivan überhaupt als »Funktionalist« gelten soll, dann als einer, der nicht irgendwelchen dogmatischen Planungsideen folgte, sondern ein tiefes Verständnis für Entwurfsprobleme und die Funktion ästhetischer Formen für die Konstruktion besaß. Während Le Baron Jenney das innere Stahlskelett durch vertikale Pfeiler »wahrheitsgetreu« nach außen übersetzte und bei seinen Bauten nur schmale Pfosten die breiten Intervalle zwischen den Eisenstützen überbrücken halfen, ordnet Sullivan die Pilaster in eine so regelmäßig dichte Reihe, daß jeder zweite von ihnen keine unmittelbar konstruktive Funktion besaß. Bewußt wird also auf jeden Purismus der Deckungsgleichheit zwischen Innen und Außen verzichtet. Sullivans Mangel an Orthodoxie verdankte sich der richtigen Erkenntnis, daß die Höhe eines Bauwerks mit dem ästhetisch komprimierten Ausdruck seiner ›Formeinheit‹ zu tun hat – im Fall des *Wainwright Building* der geglückten Proportionierung zwischen deutlich hervortretenden Vertikalträgern und den eher akzentuierenden als profilierenden Horizontalplatten.

Es bleibt noch anzumerken, daß das *Wainwright,* eines der stolzesten Monumente amerikanischer Baukunst, noch in den frühen siebziger Jahren abgerissen und durch einen Parkplatz »ersetzt« werden sollte. In der bloßen Addition von Fuß und Zoll war es eben kein Wolkenkratzer, sondern nur ein verhältnismäßig niedriges, altes, für viele wohl auch altmodisches Gebäude – ein Backsteinkubus ohne die sonst üblichen Bogenelemente des Renaissance-Palazzo. Mittlerweile weiß man in St. Louis, daß die Stadt neben Saarinens berühmtem *Archway* sich eines zweiten Meisterwerks moderner Architektur rühmen kann.

Das *Guaranty* (heute: *Prudential) Building* in Buffalo (28 Church Street, vier Jahre nach dem *Wainwright Building* entstanden, ist um

51 Wainwright Building, St. Louis

drei Stockwerke höher als dieses, was den endgültigen Abschied
vom »Würfel« bedeutet. Der Pilaster ist aufgegeben, und nur an der
Ladenfront mit ihren oben zurückgekanteten Fenstern sind zylindrische Säulen angebracht, die an Le Corbusiers »pilotis« (Pfähle)
erinnern – wären da nicht auch noch die kräftigen Eckpfeiler, die bis
zum Kranzgesims hinaufreichen. Obgleich es ungewöhnlich reiche,

52   Guaranty Building, Buffalo

liebevoll ausgeführte Oberflächenornamente aufweist, nimmt das
Guaranty (Abb. 52) Abschied von jeglicher strukturellen Ornamen-
tik und damit auch von den historischen Stilorientierungen des 19.
Jahrhunderts. Der Architekturkritiker Carl W. Condit nennt den
Bau nicht zu Unrecht »einen Archetyp des Wolkenkratzers im 20.

Jahrhundert, doch völlig einmalig und persönlich, unmöglich, ihn zu kopieren« (1964, S. 139).

Ein in seinen Auswirkungen noch heute umstrittenes Ereignis war die »World's Columbian Exposition« von 1893. Sie brachte die Traditionen der »École des Beaux-Arts« in eine Stadt, die nicht länger nur »Porkopolis« bleiben wollte, sondern ihren Ehrgeiz anmeldete, zum »Paris der Prärie« zu werden, zu einem eleganten kulturellen Zentrum inmitten der weiten Ebenen des Mittleren Westens. Mit der Bauleitung für die Weltausstellung wurden Daniel H. Burnham und John Wellborn Root betraut, die alsbald eine erstaunliche Wandlungsfähigkeit unter Beweis stellten. Der autokratische und geschäftlich beschlagene Burnham setzte nämlich weit größere Hoffnungen in den neoklassizistischen Repräsentationsstil des merkantilen Renaissance-Revival, wie es an der Ostküste gepflegt wurde, als in die eher karge konstruktive Ehrlichkeit der Chicagoer Schule. Die »weiße Stadt«, die mit viel Gips und Tünche im Jackson Park entstand, rehabilitierte gerade jene Säulengänge, Bögen und schimmernden Kuppeln, die eben noch im Prozeß modern-funktionaler Vereinfachung als lästiger Ornat abgeschafft worden waren.

Freilich wäre es eine grobe Vereinfachung, die Ausstellung einzig als Schlag gegen den sich herausbildenden Modernismus zu begreifen. Gegen die isolierten Solitäre, die ohne Planung wild in den Himmel wuchsen, betonte man hier die städtebauliche Bedeutung einer einheitlichen Perspektive entlang der Straßenflucht, von aufeinander abgestimmten Dachgesimsen und einer mit der Landschaft eng verbundenen Architektur. Burnhams großer Chicago-Plan von 1909 sollte diese Postulate unter dem Einfluß des »City Beautiful Movement« nochmals aufgreifen; die damit verbundenen strukturellen Eingriffe in alle städtischen Funktionsbereiche hätten nicht nur eines Rigoristen wie des Pariser Präfekten Haussmann bedurft, sie wären auch gegen das anarchische Prinzip des amerikanischen Hochhausbaus gerichtet gewesen, das aus der Konkurrenz, nicht aber irgendeiner Absprache über Harmonisierung erwuchs.

Die frühe Chicagoer Schule wurde nun von der in hellen Stein gehauenen Feierlichkeit des Beaux-Arts-Klassizismus verabschiedet. »Make Culture Hum!« (»Bringt die Kultur in Schwung!«) war die

Devise der Chicagoer Ausstellung, und gemeint war, alles in allem, eine aus Europa entlehnte, eklektische Kultur. Die Zeit für einen Louis Sullivan war schon wieder abgelaufen – einzig mit dem *Bayard Building* in New York (65 Bleecker Street) von 1898 gelang ihm nochmals ein großer Hochhausentwurf, der allerdings in seiner filigranen Struktur inmitten der robusten Türme Manhattans fast unterging. Etliche Jahre nach der Chicagoer Ausstellung resümierte Sullivan:

»Die Besucher waren sich nicht bewußt, daß das, was sie gesehen und als die Wahrheit geglaubt hatten, sich geschichtlich als ein schreckliches Unglück erweisen sollte. Denn was sie sahen, war nicht das, was sie zu sehen glaubten, sondern eine Täuschung ihrer Augen durch Unechtes und Nachgemachtes, ein nackter Exhibitionismus von Scharlatanerie der feudalen, herrschaftlichen Hochkultur, verbunden mit cleveren Strategien beim Verkauf der Materialien des Verfalls... So starb die Architektur im Lande der Freien und Tapferen – einem Land, das seine leidenschaftliche Demokratie, seinen Erfindungsgeist, seinen Einfallsreichtum, einzigartigen Mut, sein Unternehmertum und seinen Fortschrittsglauben verkündet hatte. So hat das Virus einer snobistischen Kultur, die dem Land fremd ist, sein Werk der Desintegration vollbracht.« (Zit. n. Cheney 1930, S. 133f.)

Sullivans Verbitterung ist verständlich angesichts eines Rückfalls in den Akademismus und die kraftlose Stilarchitektur. Wenn freilich die konstruktive Offenheit der frühen Chicagoer Baukunst nunmehr unzeitgemäßer war als selbst der Historismus, so kann man darin eine Entsprechung zu sozialen Entwicklungstendenzen sehen: Manche der großen Unternehmer hatten sich vom »einfachen«, in seinen Mitteln robusten Selfmademan zum eleganten Autokraten gewandelt, der auch nach außen hin »etwas darstellen« und kulturelle Werte vermitteln wollte. Die Architektur legte ihren von Sullivan behaupteten »demokratischen« Habitus ab, der wohl eher gefühlsmäßig im Sinne eines unternehmungslustigen Individualismus zu verstehen war. Jetzt folgte eine Baukunst der Reüssierten.

New York 1870 – 1916

Die Stadt am Hudson und am East River hat gegenüber Chicago seit
jeher die theatralische Version des Wolkenkratzers vorgezogen, also
den drapierten, oft auch überladenen, mit geschichtlichen Reminiszenzen versehenen Turmbau, der stärker aus einer metaphorischen
Fülle lebt, als daß er sich aus seiner immanenten Struktur erklärte.
Üppigkeit, leuchtende Eleganz, Phantasie, Freude am visuellen
Effekt: so jedenfalls lauten die Beschreibungen für New Yorker
Wolkenkratzer. Da nimmt es nicht wunder, daß die Modernisten
die gesamte Richtung der New Yorker Architektur als bedauerli-
chen Rückfall in die Kulissenwelt spätviktorianischer Prachtentfal-
tung empfanden. Hatte nicht auch Louis Sullivan das südliche Manhattan eine »Eiterbeule der amerikanischen Architektur« genannt?

Dennoch wäre es falsch, der »ehrlichen Ingenieursarchitektur«
Chicagos die historische Kostümierung New Yorks als ausschließlich minderwertige Alternative entgegenzusetzen. Einmal abgesehen davon, daß auch in Chicago unter dem Einfluß des Beaux-Arts-
Vokabulars schon um die Jahrhundertwende die ersten Bauten des
nüchternen Funktionalismus wieder abgerissen wurden, nahmen
zahlreiche technische Innovationen von New York ihren Ausgang;
in ihrer Gesamtheit verdankte die amerikanische Wolkenkratzerarchitektur der New Yorker Entwicklung ebenso wichtige Impulse
wie dem Chicagoer Pragmatismus. Im gleichermaßen kapital- wie
konsumorientierten Manhattan, jener Fläche von nur 22 Quadrat-
meilen, entstand – wie Rem Koolhaas es formuliert (1978, S. 6) –
»eine mythische Insel, wo das Erfinden und das Ausprobieren eines
großstädtischen Lebensstils und der mit ihm einhergehenden Architektur als kollektives Experiment verfolgt werden konnte«.

Man baute in diesem Laboratorium eklektischer, unkontrollier-
ter, chaotischer als anderswo, doch nirgendwo sonst hat eine derart
unbefangene architektonische Umsetzung von Material in Energie,
Bewegung, Flamboyanz und stilistische Virtuosität stattgefunden.
Selbst der Eklektizismus kommt keineswegs nur immer feierlich, als
ernste Beschwörung vergangener Werte daher, sondern er ist oft
genug pragmatisch-verspielt. Bisweilen mutet es an, als hätte man in

53   New York Tribune Building, New York

naiver Manier Anleihen genommen am »Besten und Schönsten«, das nicht nochmals neu erfunden werden mußte: Tempel und Paläste, Kathedralen und Schlösser. Während Chicago eine eher einheitliche Traditionslinie zu halten versuchte, bietet New York Raum für Dutzende von Philosophien und Stilen, geriert es sich als Stadt der unterschiedlichsten architektonischen Diskurse, von genialer Rhetorik bis zum banalen Geschwätz.

Die frühen Hochbauten im Süden Manhattans haben die Historiker mehr unter dem Aspekt interessiert, wie sich mit ihnen der Anspruch auf den Urtypus des Wolkenkratzers begründen läßt (s. Wiseman 1970, S. 115–160). George B. Posts *Equitable Building* von 1870 besaß einen Aufzug und reichte 45 Meter bis zum Mansardendach; damit war es doppelt so hoch wie jedes vergleichbare Geschäftsgebäude der Stadt. Richard Morris Hunts *Tribune Building* (Abb. 53) und Posts *Western Union Building,* beide 1875 vollendet, waren mit einem zentralen Turm ausgestattet, der die später gängige Morphologie des Turmbaus vorwegnahm. Ernst von Hesse-Wartegg, ein deutscher Besucher, schrieb 1878 über das *Western Union:* »Unser Auge kann den Gipfel dieser rothen Ziegel-Pyramide kaum erreichen; neun Stockwerke hoch, erhebt er sich über alle Gebäude der Nachbarschaft empor in die Lüfte, und als wollte er den Ausspruch wahr machen : ›Coeli eripuit fulmen‹ ragt noch ein hoher Turm über das Gebäude in die Wolken hinein.« (Zit. in Leeuwen 1988, S. 96)

Das *Tribune Building* eröffnete den Wettbewerb der großen amerikanischen Zeitungen um Prestige und Seriosität, die sich im Kampf um architektonische Vorherrschaft niederschlugen. Am nördlichen Ende der traditionellen Zeitungsstraße, der Park Row, entstand als »Biotop« (Leeuwen 1988, S. 93) für Hochhäuser der »Printing House Square«. Die Konkurrenz der Blätter wurde nicht zuletzt in der Fülle kulturell denotierbarer Zeichen ausgefochten: Je mehr Vorsprünge, Türmchen, Mezzanine, Säulen und Gesimsleisten ein Bau aufwies, um so stärker unterstrich er die Verpflichtung der in ihm untergebrachten Zeitung gegenüber alten Tugenden und kulturellen Werten. Baugeschichtlich ist es eine Ironie, daß das *Tribune Building* hinter seiner reich dekorierten Fassade schon Teile eines

Eisenrahmens versteckte. Als bloße »Technik« mußte die innere Struktur der Öffentlichkeit vorenthalten werden, da in diesem Fall die äußere Form ganz der Funktion eines Repräsentationsgebäudes folgte. Die vielen Gotik-, Romanik- und Beaux-Arts-Elemente stellten für die Bauherren gleichsam eine symbolhafte Bekräftigung dar, daß neben das Bekenntnis zum Fortschritt auch die Macht der Tradition trat; erst diese Mehrfachcodierung mittels geborgter Stile und technischer Innovation vermag auch die Diskrepanz zwischen Konstruktion und Fassade zu erklären.

Bradford Lee Gilbert entwarf 1888 das etwa 32 Meter hohe *Tower Building*, für das freilich nur eine Breite von gut sechs Metern vorgesehen war, von denen über die Hälfte aus dickem Mauerwerk hätte bestehen müssen. Als Konsequenz wäre eine derart winzige Nutzungsfläche übrig geblieben, daß Gilbert – wenige Jahre nach Le Baron Jenneys *Home Insurance Building* – auf folgende Idee verfiel: »Ein eiserner Brückenträger, der aufrecht gestellt wurde, war die Lösung meines Problems.« (Mackay 1987, S. 33) Da die Höhe des Sockels durch keine Bauvorschriften begrenzt war, konnten darin sehr lange eiserne Pfeiler eingesetzt werden, die gleich 13 Stockwerke hochragten. Bei einem heftigen Sturm während der Bauzeit versammelten sich Menschen um das Gebäude, um zu beobachten, wie es ohne tragende Mauern umkippte. Doch wie so häufig in der Geschichte der Wolkenkratzertechnik – man denke an Otis' Liftexperiment – bestand die eigentliche Sensation darin, daß das Befürchtete gerade nicht geschah.

Mit dem neuen Jahrhundert bildete sich in New York auch eine neue Generation von Wolkenkratzern heraus. Eines der frühesten Beispiele hierfür war Daniel H. Burnhams *Flatiron Building* (Broadway/Fifth Avenue; Abb. 54), das seine Bügeleisenform dem Dreieckgrundstück verdankt, auf dem es errichtet wurde. Burnham glückte hier ein Bauwerk von ästhetischer Raffinesse und phantasieanregender Gestalt. Der berühmte Fotograf Alfred Stieglitz fühlte sich beim Anblick des *Flatiron* an den Bug eines riesigen Ozeandampfers erinnert, »ein Bild eines neuen Amerikas, das noch im Entstehen ist« (Bender/Taylor 1987, S. 206). Die klassische Säule ist zu einer Mauer ausgedehnt, die durch ihren ausgeklügelten Grund-

54   Flatiron Building, New York. Foto von Walter Gropius

55   Singer Building, New York

riß den Eindruck von Schwere und Tiefe gar nicht erst aufkommen läßt. An der Apex des Dreiecks ist das Gebäude schließlich nur zwei Meter breit – ein erstaunliches Minimum an Volumen. Darüber hinaus ist die Kalksteinfassade reich an imitatorischer Renaissance-Ornamentik, die ihr mit den leicht gebogenen Erkern im Mittelteil das Aussehen einer differenzierten Tapisserie verleiht und sich an

56 Metropolitan Life Tower, New York

einem frühen Winterabend mit den subtil schimmernden Graukon-
trasten der Umgebung perfekt vermischt. Auf weit weniger frivole
Weise als das *Chrysler Building* und weniger monumental als das
Empire State Building ist das *Flatiron* mit zu einem Synonym für die
poetische, stolze und bei aller Arroganz doch auch sensible Seite
New Yorks geworden.

Ernest Flaggs 1906 erbautes *Singer Building* (Abb. 55) stand einst dort, wo sich heute am südlichen Broadway der unförmige Klotz des *One Liberty Plaza* auftürmt. Obgleich es zu seiner Zeit alle bislang gültigen Maßstäbe sprengte, indem es die 20-Stockwerk-Grenze überschritt und mit 200 Metern Höhe die Rolle eines weithin sichtbaren Ikons übernahm, bewahrte es die »französische« Eleganz der Beaux-Arts-Tradition doch vor Klobigkeit und Mangel an Stil. Über einer Basis, die im Erdgeschoß bereits Läden, Restaurants und eine große Eingangshalle enthielt, reckte sich ein schlanker Stahl- und Eisenschaft mit Ecken aus Backstein und Terrakotta. Auffälligstes Kennzeichen war die geringfügige Verbreiterung der Spitze durch ein Mansardendach, das eine kunstvoll abgeschrägte Dachlaterne abschloß. Das *Singer Building* erlangte traurige Berühmtheit als »Suicide Pinnacle« (Selbstmörderturm), vielleicht gerade weil es, wie Zyniker und Ästheten behaupten würden, einen so stilvollen Abschied von den Banalitäten des Lebens verhieß.

Der 214 Meter hohe *Metropolitan Life Tower* (1 Madison Avenue; Abb. 56), 1909 von Napoleon Le Brun an einen schon zehn Jahre bestehenden Geschäftsblock angefügt, ist ein Campanile, dessen Uhr allein ein dreistöckiges Zifferblatt aufweist. Er stach nicht nur das *Singer Building* aus, sondern überflügelte bei weitem sein Vorbild, den Campanile auf dem Markusplatz von Venedig. Dieser war 1902 in sich zusammengestürzt, eine Rekonstruktion wurde erst 1912 fertiggestellt. Daß sich in den Jahren dazwischen eine amerikanische Versicherungsgesellschaft als Garant der Tradition verstand und das Original in noch viel imposanterem Maßstab wiedererstellte, war gewiß kein Zufall – auch wenn der Architekt dies leugnete. Versicherungen springen im Fall des Unglücks und der Katastrophe ein, und sie heilen den Schaden nicht nur, sondern verheißen, wenn auch an anderer Stelle, noch etwas Größeres und Dauerhafteres. Der *Metropolitan Life Tower* ist symptomatisch für New York, indem sich seine Höhe am freistehenden Turm orientiert, der teleskopisch in die Länge gezogen erscheint. Erst das *Woolworth Building* sollte versuchen, die Vertikalität auch als ›expressives‹ Gestaltungsmittel zu übernehmen.

Als im April 1913 die 80 000 Glühbirnen des *Woolworth Building* am Broadway (Farbtaf. 3) von Präsident Woodrow Wilson durch

Knopfdruck im Weißen Haus zum Leuchten gebracht wurden, hatte der »Napoleon der Groschenläden« seinen Namen mit dem größten und damals populärsten Wolkenkratzer der Welt verbunden; der »Mozart unter den Wolkenkratzern« wurde er eher intuitiv, ohne legitimierten Stilvergleich genannt. Der 27stöckige Basisblock trägt einen 30geschossigen Turm, dessen Strebepfeiler sich unmittelbar aus den gotisch-vertikalen Stahlkonstruktionssäulen der Fassade fortsetzen. Diese einfache Formel der Verbindung von Hochhaus und Turm verleiht dem Gebäude Massivität und Eleganz, Erdfestigkeit und Leichtigkeit. Cass Gilbert, ein bis dahin kaum hervorgetretener Architekt der Beaux-Arts-Schule, hatte sich bewußt für das gotische Stilvorbild entschieden, das »uns die Möglichkeit gab, das größte Ausmaß von Streben in die Höhe auszudrücken« (zit. in Stern u. a. 1983, S. 176). So wird dem Block etwas von seinem gewaltigen Volumen genommen, während der Turm mit nur zwei Rücksprüngen wie selbstverständlich herauswächst und in einer Krone endet, die dem Butterturm der Kathedrale von Rouen aus dem frühen 16. Jahrhundert nachempfunden ist.

In seinen Einzelheiten ist das *Woolworth Building* ein Höhepunkt eklektischer Verirrung: Gesimse wie der Himmel eines Chorgestühls, drapierte Querbehänge aus Stein sowie eine Lobby, die an das skulpturen- und freskenreiche Seitenschiff einer Kirche erinnert, empfehlen den Bau nicht gerade als ein Modell für die Architektur des 20. Jahrhunderts. Der Bruch zwischen modernster Technologie der Stahlkonstruktion und mittelalterlichem Terrakottavorhang machte es in den Augen vieler Kritiker lange Jahre zu einem ästhetischen Zwitter im Zeichen des historischen Revivalismus. 1932 schrieb Claude Bragdon (S. 30):

»Es basiert auf falschen Voraussetzungen, was den Gebrauch gotischer Formen und Ornamentik betrifft. Wir denken nicht wie Menschen des Mittelalters und können dies auch nicht. Gotische Nischen mit Bildnissen bekannter Naturwissenschaftler und Industriekapitäne statt mit Jüngern und Heiligen zu füllen und anstelle der Dreifaltigkeit Dollarzeichen als Symbole einzusetzen ist eine geradezu lächerlich falsche Antwort auf das Problem.«

Heutzutage ist man geneigt, dem Stilwirrwarr mit größerer Toleranz und wacherem Empfinden für den ästhetischen Gesamteindruck zu begegnen. Aus einiger Entfernung wird nämlich die strukturelle Idee deutlich, wobei die vorgehängte helle Terrakottafassade des *Woolworth Building* zwar immer noch als Drapierung, aber auch als Mittel zur dramatischen Hervorhebung eines geglückten, ja heiteren Formentwurfs wirkt, der mit gotischer Strenge nur wenig im Sinn hat. Der oft störende bis peinliche Konflikt zwischen Konstruktion und Dekor, der die Bauweise nicht weniger New Yorker Wolkenkratzer bestimmt, ist hier zwar nicht aufgehoben, doch zugunsten eines architektonisch geschlossenen Gesamtkonzepts gemildert. Trotz Stilrückschritts kam Sullivans alte Forderung nach dem erregenden Merkmal von Höhe zu ihrem gültigen Ausdruck.

Das neue, 1915 fertiggestellte *Equitable Life Building* (Abb. 57) im Wall Street-Bezirk (Broadway/Nassau Street) hat wie nur wenige andere New Yorker Wolkenkratzer Baugeschichte gemacht, wenn auch auf zunächst negative Weise. Es handelt sich um einen 40geschossigen gelängten Doppelbau von prächtiger Innenausstattung, zum Beispiel mit kassettierten Lobbydecken; Bauherr war die Versicherungsgesellschaft Equitable Life Insurance. Die Raumnutzung war gigantisch: Mit 1,2 Millionen Quadratfuß betrug die vermietbare Bürofläche etwa das Dreißigfache der Bodenfläche. Als »Stadt in sich selbst«, wie es bald bezeichnet wurde, konnte es 16 000 Menschen fassen. Eine Zeitlang erschien es seinem Architekten Ernest R. Graham fast wie ein neuer Kontinent – so riesig weit und leer waren viele der Stockwerke. Da sich das wie ein großes »H« geformte voluminöse Gebäude von der Straßenfront in gerader Linie nach oben erhob, ohne auch nur einen einzigen Rücksprung aufzuweisen, wirkte es wie ein monströser Koloß, der fast 100 Prozent des Grundstücks ausfüllte. Darüber hinaus warf das Gebäude auf die anliegenden Straßenzüge extrem lange Schatten, ja, es verwandelte sie in ewig dunkle Schluchten, ähnlich den Canyons zwischen Bergmassiven, die keinen Sonnenstrahl durchlassen. Dieses regelrechte »Einschluchten« machte die Straße zu einer Art dunklem Flur, einem unheimlichen Korridor, aus dem die stickige Luft kaum je entwich.

Das *Equitable* bedeutete vor allem für die Nachbarn einen Schock, da aufgrund der verschlechterten Arbeitsbedingungen die

57   Equitable Life Building, New York

Miet- und Grundstückspreise drastisch fielen und sie deshalb sogar gezwungen waren, Steuerermäßigungen einzuklagen. Was zunächst den Erfolg des einen Gebäudes zum Schaden des anderen geraten ließ, erwies sich immer mehr als ein allgemein zerstörerisches Prinzip, indem die dicht aneinanderstehenden Blöcke sich gegenseitig

»erstickten«. In fast allen Büroräumen der zehn- bis zwanziggeschossigen Hochhäuser um den Exchange Place war selbst an einem Sommertag um die Mittagszeit künstliche Beleuchtung gefordert.

Die überfällige Reaktion erfolgte schließlich aber nicht so sehr aus Sorge um das Wohlergehen der Bürger, die nach einer lebenswerten Stadt verlangten, sondern um die potentielle Wertminderung aller Gebäude zu stoppen, denen nach und nach Luft und Licht weggenommen wurden. Verschiedene frühere Anläufe, etwa um das Jahr 1908, ein Baugesetz mit Höhenbeschränkung durchzusetzen, waren im liberalen New York als absurde Zumutung zurückgewiesen worden, da sie die Freiheit des Bauens und die Rechte des Individuums auf freie Höhenentfaltung einschränken würden. Erst als die Nachteile für alle Betroffenen augenfällig wurden, erscholl der Ruf nach einem Ende der Planungsanarchie.

Als dann 1916, nach etwa 150 öffentlichen Hearings, die erste Flächennutzungsordnung in Kraft trat, wurde sie von den einen als Meilenstein in der Geschichte urbaner Planung begrüßt, von den anderen – wohl wegen der Begrenzung der Geschoßflächen – als unerhörter Eingriff verurteilt. Die Höhe eines Gebäudes durfte fortan zweieinhalbmal die Breite der Straße betragen, an der es unmittelbar lag. Zudem erfolgte eine Einschränkung der Massierung, indem die Geschoßflächenzahl auf das Zwölffache der Grundstücksfläche reduziert wurde. Die in ihren ästhetischen Folgen wegweisendste Bestimmung war, daß das Gebäude nur in den ersten zwölf Stockwerken das Grundstück einnehmen und dann in sogenannten Zonen terrassenförmig zurückspringen mußte. Ein Hochhaus mußte zumindest 75 Prozent des Sichtfeldes, das ein Blick vom Straßenniveau eröffnet, freilassen. Wenn ein Gebäude so weit zurückragte, daß es im oberen Teil nur noch ein Viertel der Basisfläche einnahm, durfte der Turm beliebig hoch errichtet werden.

Die Rücksprünge (»setbacks«) haben die Morphologie der New Yorker Wolkenkratzer eine ganze Generation lang bestimmt. Die

Zikkurat, ein Stufenberg, verlieh ihnen das Aussehen terrassierter Hochzeitstorten (Abb. 58). Zwar hat es solche Abtreppungen auch schon vor dem Zonierungsgesetz gegeben, doch erfolgte nunmehr eine Begründung, die aus der gesetzgeberischen Notwendigkeit eine kulturhistorische Tugend machte: Die eher zufälligen Affinitäten zu mexikanischen Tempelanlagen, mesopotamischen Terrassen und präkolumbianischen Treppungen ließen ikonographische Parallelen zu gerade wiederentdeckten Kulturen aufkommen. In seiner 1930 erschienenen Geschichte des Wolkenkratzers (»History of the Sky-scraper«, Repr. 1977) vereinnahmte der in Chile gebürtige Francisco Mujica die neuen Wolkenkratzer unter einem evolutionären »neo-amerikanischen Stil«, der sich von den mitteleuropäischen Vorbildern wesentlich unterscheide. Gleichzeitig wurden auch Reminiszenzen an Weltwunder und primitive Mythen wach, die das Verständnis vom Wolkenkratzer als einer Mischung aus avancierter Technik und atavistischem Kultobjekt weitertrugen. Es wäre demnach kurzsichtig, zwischen der Maya-Stufenpyramide im Herzen Manhattans und dem sie tragenden Stahlgerüst einen grundlegenden Widerspruch zu sehen: Beide nehmen teil an der Magie des »heiligen Ortes«, aus dem Strukturen von überlebensgroßen Dimensionen erwachsen – Solitäre in Gestalt des stolzen Primitiven.

Noch heute entstehen Bauten, die die Zikkurat als ästhetisches Traditionselement in ihre Konstruktion einplanen und eine Art New Yorker Stil fortsetzen: Cesar Pellis Turm für das Museum of Modern Art oder Kevin Roches Bürokomplex in der Seventh Avenue sind zur zwei Beispiele von vielen. Einen Extremfall stellt Philip Johnsons *RepublicBank* in Houston dar, ein Bauwerk, das innerhalb dreier Abstufungen nochmals eine Vielzahl von kleineren Setbacks erlaubt und damit ein Stilprinzip zur extravaganten Komposition erhebt (Abb. 59).

Das Rücksprung-Baugesetz von 1916 hat in den Kohlezeichnungen von Hugh Ferriss seine bedeutendste Übertragung in die Schönen Künste erfahren. In expressiven Bildstudien, die die Beaux-Arts-Tradition schon mit futuristischen Anklängen und Art-deco-

60 Hugh Ferriss (zus. mit Wiley Corbett), »Carving for Maximum Mass« (Studie)

Ahnungen verknüpfen, schneidet Ferriss aus dem maximal erlaubten, noch abstrakten Volumen eines Wolkenkratzers imponierende Rohentwürfe, die in ihrer Schemenhaftigkeit noch auf die individuelle Detailausformung durch den Architekten warten. Gerade weil der Kohlestift mehr expressiv suggeriert als konkret vorzeichnet, entstanden visionäre Bildskulpturen, die nach dem Willen von Fer-

riss der Architektur ihre dritte Dimension der plastischen Raumbe-
wältigung zurückgeben sollten (Abb. 60). Es herrscht die schiere,
kaum zu bändigende Masse, die sich in einer Art spätromantischer
Utopie gewaltig hochtürmt. Von unidentifizierbaren Quellen fällt
auf sie nur spärliches Licht, und wenn sich ein Mensch in der roh
gehauenen Steinlandschaft verirrt, wirkt er wie Caspar David Fried-
richs einsamer Wanderer. Ferriss, der der amerikanische Piranesi
der Wolkenkratzerarchitektur genannt wurde, hat seine Studie
»Metropolis of Tomorrow« in drei Teile eingeteilt, mit Abbildungen bereits existierender Bauten, Entwürfen im Stil der zeitgenössischen Trends und »Ahnungen einer Phantasie-Metropole«. Aus der
Sicht seiner Bewunderer gelingt es ihm, die atemberaubende Poesie
der modernen Giganten einzufangen und ihre mythische, allen
menschlichen Dimensionen entrückte Aura zu betonen. Seine Kritiker hingegen sehen eine Melange von kulturkritisch rückwärtsge-
wandter Düsternis und der werbestrategisch geschickten Ikonisie-
rung einer Architektur, die ihrer eigenen Imagebildung zugute kam.

Der Wolkenkratzer, der am idealsten Ferriss' bildhafte Vorstellungen umzusetzen vermochte, ist Ralph Walkers Bau für die
Hauptverwaltung der New York Telephone Company (140 West
Street; Abb. 61). Das *Barclay-Vesey,* wie das Gebäude nach den an
ihm grenzenden Straßen genannt wird, ist eine komplexe Studie in
der Verteilung von felsartigen Massen; es sei kein Turm, meinte
Lewis Mumford, auch keine Pyramide, sondern einzig ein großes
Volumen. In die braune Backsteinbasis, deren Grundriß die Form
eines Parallelogramms besitzt, sind in Höhe des zehnten Geschosses
nördlich und südlich differenzierte Abstufungen in Form eines »H«
eingekerbt; aus dem 18. Stockwerk wächst dann ein dicker, quadratischer Turm mit abschließenden Hochrechtecken in herrischer
Geste nach oben. Verfechter eines modernen Stilpurismus mögen
die Art-deco-Eingangshalle, die Kalksteinverzierungen und die
gezackten Brüstungen auf den Setbacks monieren, weil sie von der
grandios-einfachen Monumentalität des Bauwerks ablenken. Aus
heutiger Sicht sind sie willkommene Auflockerungen an einem Wolkenkratzer, dessen skulpturale Wucht leicht einschüchtern könnte.

Wie die Textur eines Bauwerkes Assoziationen an organische
Vorbilder in der Natur weckt, zeigt der säulenartig hochstrebende

Turm des *Irving Trust Operations Center*. Er steht auf dem angeblich teuersten Grundstück der Welt (One Wall Street), und wiederum war Ralph Walker am Entwurf beteiligt. Die geriffelte Steinfassade vermittelt den Eindruck von Wasserkaskaden oder sich kräuselnden Vorhängen, die die Oberfläche dematerialisieren und das gewaltige Volumen von seiner Schwere befreien. Das *Barclay-Vesey* und das *Irving Trust* leiten über zu einer neuen Generation von Wolkenkratzern, die sowohl in ihrer plastischen Gesamtstruktur als auch in ihrer disziplinierten Ornamentik das neue Maschinenzeitalter ausdrücken. In der Sprache der Zeit hat man für sie den Terminus »modernistisch« erfunden. Sie nehmen Abschied vom »Morast des Historismus« (L. Mumford), verweigern sich aber noch der strengen Ethik der Moderne. Die Phase des Übergangs wird durch nichts so sinnfällig illustriert wie durch die großen Hochhaus-Wettbewerbe der zwanziger Jahre.

Wettbewerbe Berlin – Chicago

Auch unter europäischen Architekten wurde in den zwanziger Jahren die Wünschbarkeit von Hochhäusern diskutiert, wobei feststand, daß man nicht dem amerikanischen Beispiel einer weitgehend ungeregelten Stadtplanung folgen wollte. Le Corbusier, der eine künstliche, sternförmig angelegte Stadt für drei Millionen Einwohner projektierte, verteilte in seinem Entwurf die Wolkenkratzer auf weiter Fläche; in New York, so fand er, seien die Gebäude immer noch zu niedrig und in allzu engem Abstand einander zugesellt. Auch der fast 90jährige Frank Lloyd Wright träumte Ende der fünfziger Jahre von einer »meilenhohen Wolkenkratzerstadt« auf einem aus vier Dreiecken gebildeten Grundriß, irgendwo in der flachen, weiten Prärie.

◁ 61 Barclay-Vesey Building, New York

Lazar El Lissitzky und Mart Stam wiederum planten 1924 einen ganzen Ring von Wolkenkratzern um das Zentrum von Moskau, während man in Deutschland eher den im Stadtzentrum angesiedelten Turmbau vorzog, der die symbolische Rolle des Kirchturms übernahm. Die Debatte um solch ein »germanisches« Hochhaus hat zwischen den konservativen »Monumentalisten« und den revolutionär gestimmten Vertretern der Neuen Sachlichkeit manche Berührungspunkte geschaffen; allerdings ließen die industriellen Auftraggeber, die Presse und die Jurys von vornherein keinen Zweifel daran, daß sie die traditionell-akademischen Entwürfe den Avantgarde-Konzepten bei weitem vorzogen. 1927, also noch vor der Weltwirtschaftskrise, wurden sämtliche Pläne wieder fallengelassen; es blieb bei den »Ideenwettbewerben«.

Der bekannteste davon wurde 1921/22 in Berlin für ein Hochhaus am Bahnhof Friedrichstraße ausgerufen (Zimmermann 1988, passim). Einer von den insgesamt 144 Entwürfen, als perspektivische Wachsstiftzeichnung unter dem Kennwort »Wabe« eingereicht (Abb. 62), überstieg alle bislang bekannten Baukonventionen und gehört zu den großen unrealisierten architektonischen Leistungen dieses Jahrhunderts. Er stammt von Mies van der Rohe, der nicht einfach nur einen dekorativen Vorhang einreichen wollte, sondern eine grundsätzliche Lösung für einen verallgemeinbaren Typus von Hochhaus anvisierte – also dem konstruktiven Gedanken Vorrang vor dem individuellen Design gab. Das Gerüst ist mit einer transparenten Glashaut überzogen, die das hochragende Stahlskelett offenlegt. Tiefe Fronteinschnitte gliedern die Fassade, so daß die Außenwände gegeneinander abgewinkelt sind. Das dreieckige Grundstück verlangte geradezu nach einem prismatischen Baukörper, dessen facettierte Glashaut die Lichtreflexe einfangen und somit ein kristallines Gebäude von seltener Reinheit erschaffen sollte.

Dem Glas kam zu jener Zeit ohnehin eine symbolische, beinahe mythische Funktion zu: In Paul Scheebarts »Glasarchitektur« (1914) und Bruno Tauts »Die Stadtkrone« (1919) wird das Glas, im Gegensatz zur »Erdschwere« des Backsteins, mit der Vision einer entstofflichten, vergeistigten Welt assoziiert, in der schwerelose, volumetrische Materialien die Strahlkraft utopischer Lebensformen propagieren sollen.

62 Wettbewerb für ein Hochhaus am Bahnhof Friedrichstraße, Berlin: Entwurf von
Ludwig Mies van der Rohe

Ein zweiter Entwurf von Mies aus dem Jahr 1922 zeigt auf einem
kurvenreichen Grundriß ein Bürogebäude aus Stahlbeton, dessen
auskragende Geschoßdecken durch die gläserne Haut die innere
Aufteilung nach außen hin transparent machen. Auch dieses Haus
blieb zunächst unrealisiert. Erst über 40 Jahre später fanden sich

Studenten und Mitarbeiter von Mies, die an Chicagos Navy Pier ein 65geschossiges kleeblattförmiges Stahlbetongebäude errichteten, dessen bronzefarbene Isolierscheiben in bronzeeloxierten Aluminiumprofilen eingelassen sind. Der *Lake Point Tower* kann als Apartmenthaus unmöglich die Durchsichtigkeit seines Vorbilds besitzen, die vermutlich nur für eine »gläserne Verwaltung« in Frage käme. Trotz aller inzwischen aufgetretenen technischen Unzulänglichkeiten aber bleibt er ein prismatisches Bauwerk von großer Kühnheit und expressiver Kraft und stellt mit seinen fast abstrakten konvexen und konkaven Flächen sowie seinen wellenförmigen Abrundungen einen würdigen Tribut an Mies' Genie dar, das Schwierige höchst einfach erscheinen zu lassen.

Als die renommierte Zeitung »Chicage Tribune« am 10. Juni 1922 den ersten internationalen Wettbewerb für einen Wolkenkratzer ausschrieb und insgesamt 100 000 Dollar an Preisgeldern aussetzte, war es neben der Bereitstellung neuer Geschäftsräume das vordringliche Ziel, »das schönste und charakteristischste Bürogebäude der Welt« zu schaffen. Zum Bauplatz war ein unmittelbar nördlich des Chicago River gelegenes rechteckiges Grundstück ausersehen worden. Die Ausschreibung war international, so daß von den insgesamt 263 Perspektivzeichnungen nur 145 aus den USA selbst stammten. Dies ist deshalb so bemerkenswert, weil auf diese Weise zum ersten Mal die unterschiedlichsten Tendenzen – von epigonalen Traditionsrückgriffen bis hin zu provokativen Avantgarde-Entwürfen – hart aufeinanderstießen. Im großen und ganzen waren drei Richtungen vertreten: der Historismus, der die im Ausschreibungstext geforderte »Charakteristik« wohl am problemlosesten auf sich bezog; der romantische Modernismus, insbesondere einiger Skandinavier und der holländischen Schule, der tradierte Formelemente in einen zeitgenössischen Ausdrucksstil integrierte; und schließlich die radikale Moderne, die vor allem aus Mitteleuropa kam und keinerlei Hoffnung auf eine Verwirklichung ihrer Entwürfe hegen durfte.

Von den amerikanischen Entwürfen waren allein zwanzig in neogotischer Manier, andere huldigten dem klassischen Tempel, dem orientalischen Kuppelbau, dem Neopalladianismus und dem Beaux-Arts-Stil. Wie Goldberger (1984, S. 59) treffend bemerkt, stellte die

Geschichte für die amerikanischen Architekten zu Anfang der zwanziger Jahre einen riesigen Selbstbedienungsladen dar: »alles stand zur Verfügung, mit dem visuellen Vergnügen als einzigem Kriterium für die Auswahl«.

Der hybride Eklektizismus war nunmehr an seinem Ende angelangt und versuchte in einer letzten großen Anstrengung, mit Hilfe ehrwürdiger Stilvorbilder doch noch für eine imaginäre Ewigkeit zu bauen. Die Zeitschrift »Bauwelt« hatte 1923 darauf eine schneidende Replik parat: »Dem amerikanischen Geschmack aber entspricht allein eine gewisse glatte, geschickte, aber völlig geistlose Anbringung europäischer Schmuckformen an einen im übrigen gleichgültigen Baukörper.«

Ganz anders die Konzeption der europäischen Architekten, von denen einige die Stilentwürfe ihrer amerikanischen Kollegen nicht nur für altmodisch, sondern für schlichtweg reaktionär hielten. Der Rückgriff auf ästhetisch obsolete Formen war ihnen auch politisch suspekt, da er abgestorbene Herrschaftsformen der formalen Repräsentanz und autokratischer Machtbeherrschung beinhalte. Die Entwürfe von Walter Gropius, Adolf Meyer, Max Taut und Ludwig Hilberseimer waren Vorformen einer Neuen Sachlichkeit, die den Pomp von gestern ablegte. Paradoxerweise hielten europäische Architekten wie Gropius oder Max Taut ihre Entwürfe von Horizontalfensterfassaden für den Ausdruck eines ultramodernen amerikanischen Funktionalismus. Walter Gropius, der zusammen mit Adolf Meyer einen radikalen Bauhaus-Entwurf von provokanter Kantigkeit vorstellte, bemerkte später: »Ich wollte ein Gebäude hinstellen, das sich auf keinen Fall irgendwelcher historischen Stile bedienen, sondern die neue Zeit mit neuen Mitteln ausdrücken würde, in diesem Fall mit einem Stahlbetonskelett, das klar die Funktion des Gebäudes ausdrücken sollte.« (Zimmermann 1988, S. 293 f.)

Deutlicher könnte der Bezug auf die frühe Chicagoer Schule nicht ausfallen, die im Amerika der zwanziger Jahre keineswegs mehr mit der »neuen Zeit« assoziiert wurde. Das Netz von Vierungen und die ungleichmäßig zusammengezogenen, auskragenden Balkone erinnern freilich auch an die Elementarästhetik der russischen Konstruktivisten und der holländischen De-Stijl-Bewegung, die in den USA noch unentdeckt waren.

Bruno Taut entwarf nicht ohne Ironie einen pyramidenähnlichen Block mit starken pfeilerartigen Mauerstreifen, der sich durch allmähliches Zurücksetzen der Geschosse in einer weichen Kurve so nach oben verjüngt, daß die Rippen in einer offenen Apex zusammentreffen.

Am provokativsten geriet freilich der Entwurf von Adolf Loos (Abb. 63), der eine gigantische dorische Säule aus glänzendem schwarzen Granit zeigt. Man hat lange gerätselt, ob es sich hierbei um einen dadaistischen Scherz handelte, um eine Verhöhnung der Tendenz zu klassizistischen Monumenten. Doch soweit sich dies rekonstruieren läßt, verfolgte Loos mit seiner Säule durchaus ernsthafte Ansichten: Er radikalisierte gleichsam Louis Sullivans Analogie, nach der der Wolkenkratzer eine Dreiteilung wie eine Säule mit Basis, Schaft und Kapitell aufweisen müsse! Außerdem: da eine Zeitung doch aus Kolumnen bestehe, sei es nur folgerichtig, eine Säule (»columna«) für sie zu errichten.

Die historische Form war hier ein Mittel der Reflexion über geschichtlich bewußtes Bauen, das in seiner entfremdeten Zitathaftigkeit zugleich alles Epigonale abstreifte. Loos schwebte ein Monument vor, das sich assoziativ und untrennbar mit Chicago verbinden sollte – so wie der Schiefe Turm mit Pisa. Man hat es hier gleich mit zwei Paradoxien zu tun: Zum einen dachten die meisten damaligen Kritiker, Loos könne es mit diesem vermeintlich spöttischen Entwurf einer alten Ordnung nicht ernst sein; es war ihm, dem Verächter des Ornamentalen, aber durchaus ernst, als er das Symbol des Ornaments zur umfassenden Konstruktion erhob. Und zum anderen kam noch hinzu, daß es ihm auch deshalb ernst war, weil er die Erwartungen ironisch gegen den Strich bürstete. In den achtziger Jahren haben dann die Architekten Kevin Roche und John Dinkeloo mit dem *J. P. Morgan Headquarters* (60 Wall Street) und Helmut Jahn (425 Lexington Avenue) Variationen der Loosschen Säule entworfen, die mit postmoderner Ironie versehene Zitate darstellen – so gar nicht mehr radikal und avantgardistisch, sondern gekonnte Inszenierungen eines längst abgeklungenen Schocks.

Daß die Jury den Entwurf von Raymond Hood und John Mead Howells mit dem ersten Preis bedachte, ist kaum überraschend. Der *Chicago Tribune Tower* in der North Michigan Avenue (Farbtaf. 9) zeugt von einer meisterhaften Beherrschung des traditionellen Stil-vokabulars: ein neogotischer Turm mit einem Kranz aus Strebepfei-lern, die mit spitzem Maßwerk und zahlreichen Fialen geschmückt sind. Ebensowenig vermag zu überraschen, daß die Prämierung die-ses Entwurfs als krasses Fehlurteil abgetan wurde, das einzig die Vorrangstellung inländischer Dekorationskunst bestätigen sollte. Der Eklektizismus des Bauwerks hat jedoch weder etwas Aufgereg-tes noch etwas Steriles. Die Basis des Turms erfüllt geradezu ideal die Voraussetzungen für den Grundriß eines Bürohochhauses, um dessen Versorgungskern und Liftbereich sich offene rechteckige Räume gruppieren. Der Schaft weist eine nahezu gleichförmige Anordnung der Fenster auf, so daß der Blick nach oben durch keine störenden Abweichungen abgelenkt wird. Die reich krenelierte Krone wächst wie natürlich aus den vertikalen Streben. Auch wenn der Mut zum Ausbruch aus dem herkömmlichen Formenrepertoire fehlt, besitzt dieser Turm doch eine harmonische Gesamtstruktur, die ihn davor bewahrte, zum Modell für falsche Juryentscheidungen zu werden.

Die meisten Kritiker sind sich jedoch einig, daß die Palme dem mit dem zweiten Preis bedachten Entwurf des Finnen Eliel Saarinen gebührt hätte. Saarinens axialer Turm (Abb. 64) ragt wie eine gewal-tige Bergmasse in die Höhe, ohne daß der Eindruck von Klobigkeit entstünde. Im Gegenteil, durch Rückstufungen wächst ein Teil tele-skopisch aus dem anderen, so daß ein unerhörter vertikaler »Schwung« entsteht. Fällt der Blick von oben nach unten, betonen fallende Steinkaskaden das Fließende, das durch abstrakte Linien im Gemäuer zusätzlich betont wird. Hier wurde, noch vor dem *Bar-clay-Vesey Building,* ein Entwurf vorgelegt, der die Kluft zwischen Historismus und Modernismus mühelos zu überwinden schien.

Viele Wolkenkratzer ließen sich seitdem in der Ausformung ihrer Rücksprünge und dem ausgeprägten Sinn für Vertikalität von Saari-nens Modell beeinflussen, das damit größere Beiträge zur Bauge-schichte geleistet hat als der realisierte Entwurf von Howells und

Hood. Es steckt nicht wenig Ironie in der Tatsache, daß Raymond Hood sich später nie mehr mit einem Wolkenkratzer im Historismus-Stil abgegeben hat, sondern mit dem *American Radiator Building* und dem *RCA Building* Bauwerke ganz im Geist seines ehemaligen Konkurrenten schuf. Im Hinblick auf den nachträglichen Einfluß bleibt Saarinens Entwurf so tatsächlich der eigentliche Sieger des Wettbewerbs.

Als 1980 die Chicagoer Architekten Stuart Cohen und Stanley Tigerman einen preislosen Wettbewerb unter dem Titel »Späte Eingaben zum Chicago Tribune-Wettbewerb« auslobten, waren der Phantasie kaum noch Grenzen gesetzt: Gotische Türme schießen wie Raketen von einer imaginären Abschußrampe in einen von Blitzen erhellten Himmel, ein Turm nimmt die Form einer Babyflasche mit einem Nuckel als Krone an, einem wächst ein Baum aus dem Schaft; und wieder andere sind total dekonstruiert, so daß die Teile nicht mehr zueinander passen wollen. Im Zeitalter von AIDS wohl am beziehungsreichsten ist jener anonyme Entwurf aus Japan, der die Loossche Säule mit einem riesigen Kondom überzieht: ein ironischer Versuch, die Sexualität des Wolkenkratzers zu entschärfen.

Die Inszenierungen der Art deco

Folgt man der immanenten Entwicklungslogik der Stilgeschichte, die einen unaufhörlichen Fortschritt der Bauentwicklung voraussetzt, so ist das dem *Chicago Tribune Tower* gegenübergelegene *Wrigley Building* (Abb. 65) von 1921 ein hoffnungslos veraltetes Relikt. Dem Glockenturm von Sevilla (1568) nachempfunden, ist der Turm im Geist des Beaux-Arts-Klassizismus gestaltet, mit glacierten Keramikplatten und einer filigranen Flachreliefornamentik. Trotz seines geradezu herausfordernden Traditionalismus ist es ein kühner Bau, da die dreieckige Form der Basis, bedingt durch die

◁ 65   Wrigley Building, Chicago

SINDBAD, FROM THE ROOF OF THE MEGOPOLIS, VIEWS THE CITY OF FROZEN FOUNTAINS

66 »Sindbad betrachtet vom Dach der Megalopolis die Stadt der gefrorenen Springbrunnen.«

Lage des Grundstücks, die Quadratur des Grid-Systems aufsprengt. Ein mit einer Querpassage und einer Luftbrücke verbundener Anbau, der drei Jahre später hinzukam, besitzt gar einen polygonalen Grundriß. Dieser Ausbruch aus dem herkömmlichen Schema des rechten Winkels befreit den Wolkenkratzer fast gänzlich von allen Assoziationen an ein Bürohochhaus und rückt ihn in die Nähe von verzierten Uhrtürmen und maurischen Zauberschlössern. Noch stärker als das *Woolworth Building* wurde das *Wrigley* von Anhängern der Moderne als Entwurfsmodell eines Zuckerbäckers geächtet, während die Bevölkerung rasch Zuneigung zu seinem lichten Romantizismus faßte. Wenn man heute ein größeres Verständnis für den naiven Eklektizismus dieses Baustils aufbringt, dann zunächst wegen der in der Postmoderne gewachsenen Toleranz gegenüber dem theatralisch Verspielten; vor allem aber erkennt man hinter der nur scheinbar unbeherrschten Extravaganz der Ausführung doch auch einen kontrollierten Stilwillen, der sich den Anforderungen des Stahlskelettbaus geschickt anzupassen wußte.

Keine Stilrichtung in der Geschichte der Wolkenkratzerarchitektur wurde nachfolgend von Kunsthistorikern so sehr ignoriert wie die Art deco der späten zwanziger und frühen dreißiger Jahre. Erst Jahrzehnte später erlebte sie eine wahre Renaissance; zuvor galt sie als der »Paria der modernen Architektur« (Robinson/Bletter 1975, S. 3), deren puristisches Ethos ihren verschwenderischen Schmuck, den Einsatz von Farbtönen und ihre Nähe zum populären Entertainment streng mißbilligte. Der Art-deco-Stil selbst empfand sich als gemäßigt »modernistisch«, indem er mit »moderner Sensibilität« zeitgenössische Designs popularisierte. Eigentlich »modern« im Sinne der radikalen Avantgarde war er jedoch nicht; bereits auf der »Exposition Internationale des Arts Decoratifs et Industriels Modernes« in Paris 1925 war deutlich geworden, daß es der Art deco eher um eine Erneuerung der traditionellen dekorativen Künste ging als um eine gänzlich neue Kunstrichtung.

Was zählte, waren sinnlich faßbare Kriterien wie Textur, Farbe und ornamentale Wirkung, die sich aber nicht mehr mit einem schalen Akademismus, sondern mit einer vitalen Lust an Stil, Eleganz und Unterhaltung verbanden. »Primitive« und »exotische« Art-deco-Elemente wurden mit Stilmitteln des Maschinenzeitalters geschmackvoll amalgamiert, etwa indem mexikanische Zickzackbänder die Kanten der Abtreppungen von Wolkenkratzern auflockerten oder das populäre Idiom von Auto-, Bahn- und Möbeldesign unversehens an Gebäudefassaden auftrat. Wie entspannt die Verbindungen zwischen »hoher Kunst« und kommerzieller Gebrauchskunst in der Art deco waren, beschreibt Forrest F. Lisle angesichts der Chicagoer »Century of Progress Exhibition« von 1933:

»Die Pariser Ausstellung von 1925, Frank Lloyd Wright, der Kubismus, die Maschinenethik, von den Mayas entwickelte Formen, Pueblomuster, [Willem Marinus] Dudok [ein niederländischer Architekt der Moderne], die Wiener Sezession, moderne Innenarchitektur, die Rücksprünge des Zonierungsgesetzes. Diese große Anzahl aus nur lose miteinander verbundenen Quellen, die man jedoch schnell als Grundlage der Moderne in Amerika identifiziert, können den ungefähren, breiten, ziemlich unterschiedslosen, damit demokratischen Umkreis des Modern Movement bezeichnen, das hierzulande im Gegensatz steht zur unpersönlichen, reduktiven, ausschließenden, mehr idealistischen und moralistischen Stoßkraft der augenblicklichen europäischen Avantgarde.« (1973, S. 230)

Hinter diesem ungeregelten Eklektizismus verbirgt sich eine Freude an ausdrucksstarken Phantasiemustern, an der Kostümopulenz auf der Bühne und im Film, an der Farbenpracht von Ausstattungsrevuen und dem »Schrägen« von Jazzsynkopen. Die Unmöglichkeit einer kompakten Definition der Art deco zeigen schon die vielen alternativen Bezeichnungen: Modernistic, Jazz Age Modern, Zigzag Modern, Style 1925, Streamlined Modern und so weiter. Der Stil sollte eine schillernde, beziehungsreiche Aussagekraft besitzen, die polyvalente Erinnerungsfragmente in ›einem‹ Bild vereint: Die Pagode an der Spitze könnte ebenso ein gefrorener Springbrunnen sein (Farbtaf. 15); die verspielten Spiralen und gewundenen Ranken aus der Pflanzenwelt verwandeln sich bei näherem Hinsehen in das Muster eines Autokühlergrills; Blitze werden zu Radiotransmissionen (Farbtaf. 8), Kaskaden zu gewellten Wandteppichen; die Zickzackleisten könnten ebenso aus der Maschinenwelt wie von einer altmodischen Stepparbeit stammen. Nicht ganz zufällig entstanden viele New Yorker Art-deco-Bauten im Garment District, dem Viertel der Bekleidungsindustrie zwischen der 30th und 42nd Street.

Dieser semantische Überschwang eines »Mehr als genug« steht in krassem Widerspruch zur modernistischen Forderung des »Weniger ist mehr«. Man hat von einem ›horror vacui‹ gesprochen, einer Furcht vor der Leere, die dazu verleite, jede blanke Fläche zu füllen und zu verschönern (Huxtable 1986, S. 318). Der Art-deco-Stil geriet so auch vom ethisch-sozialen Standpunkt aus in Mißkredit; man erinnerte an Adolf Loos' Anspielung auf die abwegige Tätowierungssucht bei Kriminellen oder das exzessive Schmuckbedürfnis von Prostituierten und neureichen Vulgäraristokraten. Die Nähe zum Theater rief Assoziationen an Talmi, Rollenspiel, Schminke, Kostümierung und Bühnenbild wach. Es wirkte wie eine bewußt ironische Persiflage all dieser Vorstellungen, als zu einem Kostümball im Hotel Astor im Januar 1931 unter dem Thema »Fêtes Modernes, a Fantasy in Flame and Silver« berühmte Architekten in der Verkleidung ihrer Wolkenkratzer auftraten (Abb. 67). So erschien etwa William van Alen, der Erbauer des *Chrysler Building,* mit einem Pappmachémodell, das mit Silbermetallstoff und schwarzem

67 Beaux-Arts-Ball in New York, mit William van Alen als Chrysler Building

Lackleder überzogen war, wobei die Kapuze mittels biegsamer Hölzer zusammengehalten wurde (Koolhaas 1978, S. 108).

Diese exzentrische Zurschaustellung macht deutlich, was die Art
deco in Mißkredit gebracht hat: In ihrem leicht verrückten und
modischen Einfallsreichtum besaß sie einfach nicht genug an Ernsthaftigkeit und »sozialer Verantwortung«. Ihr spielerischer Laissez-
faire-Reichtum an Bedeutungen und die offene Herausforderung
vermeintlich fester Regeln galten als Ausweis ihrer Oberflächlichkeit. Gerade aber die Lust am Dekorativen, an der semantisch verwirrenden Bildlichkeit, hat immer wieder eine Tendenz in der
Geschichte des Wolkenkratzers maßgeblich bestimmt – als Auflehnung gegen das Diktat der reinen Konstruktion, gegen Purismus
und Orthodoxie.

Wer freilich diesen Gegensatz ins Extrem treiben und in den Art-
deco-Wolkenkratzern nichts als eine billige Fassadenkosmetik auf
Kosten struktureller Gliederung erkennen will, sitzt einer Täuschung auf. Zwar herrscht auch hier immer noch das Mauerwerk auf

Stahlskelett vor, aber es ist mit einer Ornamentierung versehen, die die Baumassen geschickt verteilt, sie in Fluß hält und einen Rhythmus eigener Art erzeugt. Konstruktion und Design treten in ein reizvolles, das Auge permanent beschäftigendes Spannungsverhältnis, das ohne einen ausgeprägten Sinn für Proportion und Formbeherrschung kaum denkbar wäre. Wenn man genauer hinsieht, stellt erst die Vieldeutigkeit der kulturellen Referenzen ein Gefühl von Opulenz her – und nicht etwa eine unkontrollierte Überladenheit des Schmucks.

Neben der Ornamentik verleiht vor allem der Einsatz von Licht und Farbtönen den Bauten ihre lebendige Plastizität. Schon beim *Wrigley Building* hellte sich die Emailleglasur mit insgesamt acht Schattierungen bei wachsender Höhe auf, so daß der Turm selbst an düsteren Tagen wie eine in den Himmel ragende Lichtgestalt erscheint. Dieses optische Verfahren wurde auch auf eine Anzahl von Art-deco-Gebäuden angewandt. So weist zum Beispiel Ralph Walkers *Western Union Telegraph Building* (60 Hudson Street) nicht weniger als neunzehn Farbschattierungen auf, die subtil von Braun in Rosa übergehen. Polychrom leuchtende Terrakottabänder treffen sich bei Ely Jacques Kahns kastenförmigem Bau *Two Park Avenue* (1927; Farbtaf. 6) mit vertikal gegliedertem Mauerwerk und kreieren stets neue planimetrische Flächen. Der Betrachter kommt beim Schauen kaum zur Ruhe, es entsteht eine nervöse Dynamik des visuellen Responses, die als »räumlich operatives Element« (Meßler 1983, S. 90) von der Masse des Gebäudes ablenkt. Kaum ein New Yorker Bauwerk lebt so sehr von der Energie des Augenblicks und bringt damit ein beherrschendes Lebensgefühl der zwanziger Jahre zum unmittelbaren Ausdruck. Kahns Traum war die »farbige Stadt«, deren Wolkenkratzer sich wie in einem Wunderland in großflächig-polychrome Muster auflösten – ähnlich den Kulissen zeitgenössischer Filmrevuen, in denen sich nachts die glitzernden Linien zu einem abstrakten Ballett der geometrischen Formen zusammenfanden.

◁ 68 Radiator Building, New York

Ein Experiment besonderer Art stellt Raymond Hoods *Radiator Building* (40 W 40th Street) dar, dessen schwarzer Schaft wie ein riesiger Kohleberg nach oben ragt (Abb. 68), wo die mit Gold dekorierte Spitze das Glühen eines offenen Feuers andeutet. Hood war aufgefallen, daß die Fenster bei allen Wolkenkratzern wie schwarze Löcher aussehen, die den Schaft punktieren. Um den Eindruck einer kompakten plastischen Masse zu vermitteln, blieb deshalb nur die Möglichkeit, die dunklen Vertiefungen in einer Umgebung aus Schwarz verschwinden zu lassen!

Das 1927 von Sloan & Robertson erbaute *Fred F. French Building* (551 Fifth Avenue) ist nicht weniger aufsehenerregend; hier bilden polychrome Faiencen den Abschluß der »assyrisch« gestalteten Setbacks. Statt einer Spitze ziert dieses frühe Flachdachgebäude eine allegorische Motivsammlung: Die aufgehende Sonne, Sinnbild des Fortschritts, wird auf beiden Seiten von geflügelten Griffons flankiert, die für Integrität und Wachsamkeit stehen; diese sind ihrerseits umgeben von Bienenkörben und goldenen Bienen, Symbolen von Sparsamkeit und Fleiß.

Das 1929 von denselben Architekten konzipierte 56geschossige *Chanin Building* (122 E 42nd Street), das wie eine Mischung aus Eliel Saarinens Chicago-Entwurf und einem Scheibenhochhaus »gotisch« in den Himmel ragt, hat in seinen dekorierten Basreliefs aus Terrakotta gleichfalls den vormals beliebten historischen Motiven abgeschworen (Farbtaf. 7). Der von René Chambellan auf Straßenhöhe angebrachte Fries erzählt die Geschichte der Evolution, wie sie mit niederem Meeresgetier beginnt und sich in Fisch und Vogel fortsetzt. Doch erscheint diese allegorische Darstellung von »natürlichem« Fortschritt nur als Vorwand für eine faszinierende Kombination aus eckigen und gekurvten Linien, aus Blatt-, Muschel- und Blütendetaillierung, die die gesamte Basis des Bauwerks umschlingt.

In einer Werbebroschüre wurde das *Chanin Building* als »Inszenierung des romantischen Dramas vom amerikanischen Business« gepriesen (Stern u. a. 1987, S. 597). Das Drama besteht in dem (dekorativen) Versuch einer Versöhnung von Natur und Technologie, von Unschuld und Materialismus (vgl. Meßler 1983, S. 171). Nur selten war das Verhältnis von Tradition und Moderne so entspannt; es löste sich auf in der Vermittlung fließender Formen und im »synkopischen Rhythmus angehäufter Objekte, die, unstabil, sich anzuschicken scheinen, in einer mechanisch gelenkten Metamorphose ihre Form zu verändern« (Meßler 1983, S. 171). Das Kapital war im Fluß des Überschwangs – bis der Schwung jäh durch die Wirtschaftskrise aufgehalten und in Roosevelts New Deal zum vorläufigen Stillstand gebracht wurde.

Kein Gebäude bringt den Geist der Art deco unverbrauchter und reiner zum Ausdruck als das *Chrysler Building* (Abb. 70), das vielen als der schönste, aber auch verrückteste Wolkenkratzer gilt. Das mit schwarzem Marmor umrandete Eingangsportal der Vorderfront ist einer Kühlerhaube nachgebildet. Auf der Höhe der Versorgungsetage, dem 30. Stockwerk, ist ein Backsteinfries aus Radkappen und Kotflügeln sowie, an den Ecken, aus geflügelten Kühlern zu bestaunen, die, wie einst die Wasserspeier an gotischen Kathedralen, eine direkte Verbindung zum Betrachter herstellen. Der Helm des Merkur als Emblem der frühen Chrysler-Automobile ist dabei eine direkte Anspielung auf den Besitzer des Gebäudes beziehungsweise die von ihm vertretene »car culture« (Abb. 69). Die Spitze des Bauwerks formen sechs Bögen aus Nirostastahl, die wiederum dreieckige, nachts wie Kronenzacken erstrahlende Fenster einrahmen, so daß der Eindruck einer funkelnden Haube aus geschupptem Stahl entsteht. Nicht weniger ungewöhnlich ist die in dreieckiger Form entworfene, dunkel glühende Lobby mit marokkoroten Marmorwänden und einem Fußboden aus sienafarbenem Travertin, über dem sich Edward Trumbulls riesiges Deckengemälde zur Geschichte des Verkehrswesens spannt. Selbst die Trennwände in den Toiletten sind aus nicht weniger kostbarem Material als kreolischem Marmor von auffällig aparter Musterung, wie er in den USA vor allem für heroische Denkmäler und Regierungsgebäude benutzt wird.

William van Alen, von seinen Zeitgenossen der »Ziegfeld seiner Profession« genannt, hatte sich einem extravaganten Stilideal verschrieben, das man damals »modern American« oder »Streamline Moderne« nannte; den Adepten der europäischen Bauhaus-Moderne bedeutete dieser Stil hingegen den Greuel einer verirrten

69 Chrysler Building, Detail

70 Chrysler Building, New York ▷

Geschmackskultur. Lewis Mumford bedauert all jene, die das Gebäude ohne die gnädige Hilfe einer weiten Entfernung und dicker Nebelschwaden betrachten müßten (s. Stern u. a. 1987, S. 609). »Ist es albern oder ist es tatsächlich echt?« fragt Goldberger und meint, das *Chrysler* sei in der Tat ein absurdes Bauwerk (1979, S. 136).

Warum aber hat es dann alle Zeiten und Stile überdauert und wird mehr als jeder andere Wolkenkratzer geliebt? Nun, weil es kein eigentlich rationales Gebäude ist, sondern die romantischen und exaltierten Sehnsüchte seiner Epoche geradezu makellos verkörpert, dabei aber nicht – oder vielleicht noch nicht – lächerlich wirkt (Abb. 71). Als werbeträchtiges Image-Building weist es in seiner impulsiven Art, die so heterogene Erkennungsmotive wie Ananas, Trittbretter und römische Helme zusammenzwingt, eben auch Elemente jenseits aller kühl kalkulierten Reklamestrategien auf. Es weckt Emotionen und erscheint wie die bauliche Zusammenfassung einer Epoche, die das industrielle Auto-Design, den exotischen Flapper,

71   Earle Horter: The Chrysler Building Under Construction (1931)

den Swing von Benny Goodman, den ekstatischen Bewegungsrhythmus von Josephine Baker und den deutschen Filmexpressionismus hervorgebracht hat. In vielem ist es ein unwiederholbares, keineswegs stilbildendes Gebäude, auch wenn ein so gelungener Wolkenkratzer wie Helmut Jahns *One Liberty Place* (Farbtaf. 23) in Philadelphia ganz vom Genius van Alens inspiriert ist.

Auf einem berühmten Bild von Madelon Vriesendorp, »Après l'amour«, liegen zwei sichtlich ermattete Wolkenkratzer, das *Chrysler* und das *Empire State,* auf der Liebesstatt, zwischen ihnen ein Produkt der Gummifabrik Goodyear. Im Zug der allgemeinen Höhenkonkurrenz, die Anfang der dreißiger Jahre noch einmal entbrannte, bestand zwischen den Konkurrenten gewiß kein Liebesverhältnis. Nach und nach aber gaben nicht mehr die Rekorde den letztendlichen Ausschlag, sondern nur noch die großartige Symbiose der beiden Gebäude zu einem Begriff, der weit mehr als nur einen Ort bezeichnet: ›New York‹ als Symbol all dessen, was diese unmögliche und unerträgliche Stadt so faszinierend macht.

Das nach dem Aufbau einer Antennenanlage 443 Meter hohe *Empire State Building* (1931, Fifth Avenue, 34th Street; Farbtaf. 5; Abb. 72) wurde auf dem Grundstück des ehemaligen Waldorf Hotels der Mrs. Astor in der Rekordzeit von 13 Monaten hochgezogen; dies setzte eine maschinelle Vorprägung der Einzelteile aus Glas, Stein und Stahl voraus. Einer Anekdote zufolge stellte der Financier John Jakob Raskob einen dicken Kinderbleistift auf den Schreibtisch und blickte den Architekten William Lamb (von Shreve, Lamb & Harmon) fragend an: »Bill, wie hoch kannst du bauen, ohne daß es umfällt?«

In der ersten Hälfte des Jahres 1930 waren insgesamt 3400 Arbeiter mit 16 Derrick-Kränen tätig, um 60 000 Tonnen Stahlträger zu vernieten, 6700 Heizkörper zu installieren, 5600 Kilometer Telefonkabel, 78 Kilometer Rohre, über zehn Kilometer Aufzugsschächte zu verlegen. Außerdem wurde ein Belüftungssystem montiert, das jede Minute eine Million Kubikfuß Frischluft ins Innere des Gebäudes beförderte. Nicht zuletzt die wirtschaftliche Depression hatte zur Folge, daß sich die ursprünglich geschätzten Baukosten von 50 Millionen Dollar auf 41 Millionen Dollar reduzierten. Das Gebäude, das seinen Namen nach der volkstümlichen Bezeichnung des Staates New York erhielt, wurde bald zu »The Empty State Building«, als die erhofften Mieter ausblieben – wie Edmund Wilson sarkastisch anmerkte, ein »Triumph gerade zu der Stunde, als die planlose Wettbewerbsgesellschaft, die entmenschlichte städtische Gemeinschaft, deren Kulmination dieser Bau bildet, bankrott ist« (zit. in Stern u. a. 1987, S. 615).

Der anfängliche kommerzielle Mißerfolg stand dabei in völligem Gegensatz zu der Bewunderung, ja Begeisterung, die diese »Poesie in Stahl« allgemein hervorrief. »Das Empire State«, so war in einer zeitgenössischen Laudatio zu lesen, »schien fast über New York zu gleiten, wie ein verwunschener Märchenturm. Ein so erhabenes, so heiter gelassenes, so leuchtend schönes Bauwerk hat man sich nie zuvor ausgedacht. Man konnte auf einen gut durchgeplanten Traum zurückblicken«. (Zit. in Koolhaas 1978, S. 117)

Der »Traum« entsteht durch die auf ein elastisches Stahlskelett gehängte Fassade des hellen Kalksteinschafts. Zusätzlich zu den rahmenden Chromnickelstreifen wurden alle 6400 Fenster durch Platten aus Silberaluminium verbunden, die mit Sandstrahl abgeblasen worden waren, um ein stumpfes, der Tönung des Turms angepaßtes Grau zu bekommen. Der Bau scheint aus einer Fülle vertikaler Linien zu bestehen, die alle in einer mächtigen Bewegung über eine viertel Meile nach oben streben. Der Gigantismus des *Empire State Building* besitzt dank der ökonomischen Verwendung der Bauteile und der Einfachheit der Detailausführung nichts Angeberisches, sondern zeigt eine selbstverständliche Würde, der auch der Reklamerummel um das achte Weltwunder nichts anhaben konnte.

Ein 70 Meter hoher, lenkbarer Anlegemast für Ballons wurde kaum je benutzt und diente mehr als Anflugstelle für Zugvögel. Der 1950 errichtete, sechzig Tonnen schwere Fernsehmast wirkt selbst noch von der obersten Besucherplattform wie eine imposante Verlängerung des Turms. Als Präsident Herbert Clark Hoover und der New Yorker Gouverneur Franklin Delano Roosevelt das Gebäude 1931 der Öffentlichkeit übergaben, kannten noch relativ wenige

Menschen den Ausblick aus einem Flugzeug und fühlten sich eher an das Erklimmen einer Bergspitze erinnert, von der aus sich bei klarer Sicht ein wundervolles Rundpanorama über viele Meilen hin darbietet. Schon bald fand die erste mitternächtliche Hochzeit auf dem Observatorium statt und stürzte sich ein verzweifeltes Mädchen in die Tiefe, woraufhin die Kartenkontrolleure die Order bekamen, »Besuchern mit wildem Blick« den Zugang zu verwehren. Jahrzehntelang gehörte ein Besuch der Plattform zum festen Programm berühmter New-York-Besucher, von Albert Einstein, Max Schmeling, George Bernard Shaw über Winston Churchill und Nikita Chruschtschow bis zu Fidel Castro, der englischen Königin, Gina Lollobrigida und Ronald Reagan.

Die klassische Moderne

Stilgeschichtliche Entwicklungen in der Architektur sind ebenso schwer auf eine handhabbare Reihe zu bringen wie etwa Epochenbezeichnungen in der Literaturgeschichte. Während die Art deco noch in voller Blüte stand, rückten andere Gebäude bereits sichtbar von deren Romantizismus und Überschwang ab. In den Jahren 1929/ 1930 entstand unweit des *Chrysler Building* das *Daily News Building* (220 E 42nd Street; Abb. 73), entworfen ausgerechnet von John Mead Howells und Raymond Hood, die mit dem *Chicago Tribune Tower* als Verfechter einer neogotischen statt einer prononciert modernen Lösung in die Baugeschichte eingegangen sind. Hood war aber, wie sich jetzt erwies, keineswegs einer bestimmten »Schule« zuzuordnen; er hatte einfach nur ein bemerkenswertes Gespür für die Symbiose von einheitlicher Form und einprägsamem Image, von Schönheit der Konstruktion und einer Schönheit, die dem Auftraggeber Dividenden versprach.

73   Daily News Building, New York   ▷

Das *Daily News Building* ist ein Muster an grafischer Vereinfachung, die fast schon bis hin zur Abstraktion reicht und die neogotische Tradition auf verblüffende Weise in ein modernes Idiom übersetzt. Die herkömmliche Konstruktionsformel einer Basis mit paralleler Grund- und Deckenfläche und einem daraufgesetzten Turm, der in einer Spitze, Pyramide oder Brüstung mündet, ist hier aufgegeben. Statt dessen sucht der Bau bereits eine Annäherung an den »slab«, das heißt, an das einfache Scheibenhaus, dessen strenge Glätte freilich noch durch einige Rücksprünge aufgelockert ist. Gerippte Pfeiler aus weißen Backsteinvertikalen, die an das Stahlgerüst gehängt sind, alternieren mit roten und schwarzen Spandrillen sowie rostbraunen Jalousien. Dies verleiht dem Wolkenkratzer eine kühl-kontrollierte Oberflächentextur und läßt die nur leicht rückgesetzten Fenster kaum sichtbar werden. Abgesehen davon, daß eine klare Absetzung zwischen Basis und Turm fehlt, ist auch die Spitze weitgehend abgeflacht und damit ohne jegliche dekorative Krönung. »Ich probierte«, schrieb Hood, »die einfache Lösung aus, das Gebäude mittendrin zu beenden, ohne nach einem Effekt zu suchen oder den Besitzer dafür zahlen zu lassen.« (Zit. in Stern u. a. 1987, S. 578) Die flache, von vielen als zu wenig gegenständlich empfundene Fassade galt zu ihrer Entstehungszeit als »Reklamekunst«, als unverhüllter Ausdruck einer modernen, sachlich berichtenden, informativen Zeitung.

Natürlich ging dieser Stilwandel noch nicht ohne Konzessionen ab: Ein plastisches Basrelief über der Eingangstür zeigt das »Alltagsleben« amerikanischer Normalbürger, über das zu berichten die »Daily News« vorgibt. Und in der kreisrunden Lobby ist unter der Decke aus schwarzem Glas ein riesiger, von unten angestrahlter Globus in den Boden eingesetzt. Möglicherweise waren diese Zugeständnisse notwendig, um dem Gebäude den Eindruck allzu großer Strenge zu nehmen. »Ich finde nicht«, schrieb Hood, »daß das News Building schlechter aussieht als einige andere Bauten, wo Grundriß, Profile, Fassade und Volumen so beschaffen sind, daß sie durch Reifen springen, Purzelbäume schlagen, sich herumwerfen, sich aufsetzen und Männchen machen – das alles in dem Bemühen, an das Ziel von architektonischer Komposition und Schönheit zu gelangen.« (Zit. in Stern u. a. 1987, S. 578)

In Hoods Worten kommt bereits die Verachtung der Moderne für den Zierat, die Gefallsucht und die Verrenkungen der Art déco zum Ausdruck. Jedoch spricht hier noch immer ein geschäftstüchtiger Pragmatiker, kein Verfechter des architektonischen Purismus.

Beim *McGraw-Hill Building* im westlichen Teil der 42nd Street (Abb. 74) lehnte sich Hood noch stärker an die Maschinenästhetik und Tendenzen der europäischen Moderne an. Wie bei einem echten Art-déco-Bau lichtet sich die Farbe vom Blaugrün der Basis hin zu einem Azurblau im oberen Teil des Schafts. Die Fassade aus glasierten Keramikplatten besitzt jedoch auffällig horizontale Fensterbänder, die sich wie eine Membran um den Gesamtrahmen spannen und das Volumen stärker betonen als die äußere Wand. Dieses durchaus »moderne« Interesse an einer gläsernen Oberfläche, die durch gebänderte Fenster (»ribbon windows«) erzeugt wird, hat nicht nur Zustimmung gefunden. Die »New York Times« bemerkte im Juli 1931: »Es bleibt die Tatsache, daß ein hohes Gebäude nach oben geht und nicht seitwärts.«

Das *McGraw-Hill* zeigt eine herbe Schönheit, die an Produktionsstätten moderner Technik und an das Stromlinien-Design jener Epoche gemahnt. Modernität der Art-déco-Unternehmenswerbung und Moderne des Internationalen Stils kommen sich hier ganz nah. Das Signum am Dach, ein gewaltiges Reklamezeichen mit dem Namen der Firma, das die ornamentale Krone ablöst, ist bereits im Geist des Konstruktivismus gestaltet. Hatte beim *Daily News Building* die strukturale Kühnheit bei der Gestaltung des Eingangs Halt gemacht, so wird beim *McGraw-Hill* auch hier das horizontale Farb- und Formprinzip konsequent fortgeführt. Olivgrüne Querbänder, zerschnitten von Streifen aus lackiertem Messing, wechseln sich mit breiten dunkelblauen Bändern ab (Farbtaf. 12). Vincent Scully hat von einer »Proto-Jukebox« gesprochen (1969, S. 154), und es sind gerade solche Reminiszenzen, die den Bau doch noch der Designkultur der frühen dreißiger Jahre zuordnen.

Ein Gebäude, das sich mehr als alle anderen jener Zeit der europäischen Moderne verpflichtet zeigt, ist George Howes und William Lescazes *Philadelphia Saving Fund Society Building* (1929–1932) in Philadelphia (Abb. 75). In seiner auf das Skelett reduzierten Ästhe-

74 McGraw-Hill Building, New York

75 Philadelphia Saving Fund Society Building, Philadelphia

tik verbindet es die frühe Chicagoer Schule mit den Metall- und Glasstrukturen des Internationalen Stils. Erstaunlicherweise wurde solch ein radikal kühner Wolkenkratzer in einer architektonisch eher konservativen Stadt errichtet. Noch erstaunlicher ist, daß ein ausgesprochen konservativer Bauherr wie James M. Willcox, der Präsident der Society, dem Architekten einzig das Versprechen abnahm, nicht das Ungewöhnliche allein der Publicity wegen zu suchen, sondern etwas Solides hinzustellen.

Der scheibenförmige Turm, in dem die Büroflächen nirgendwo weiter als neun Meter von den Fenstern entfernt sind, kragt rechtwinklig zu einem Rückgrat aus, was dem Ganzen die Form eines »T« verleiht. Statt einer axialen Symmetrie herrscht schon an der Basis eine, nach Howes Worten, »organische Asymmetrie«, eine quasi-kubistische Anordnung von spannungsvoll zueinander in Beziehung gesetzten Kompositionselementen. Die wie schon beim *McGraw-Hill Building* horizontalen Fensterbänder erinnern nicht ohne Absicht an amerikanische Fabrik- und Lagergebäude, in denen die Geschoßaufteilung klare Funktionsbestimmungen markiert. »Die Form folgt der Funktion«: Der vertikale Versorgungskern betont bei Howes Bauwerk den expressiven Höheneindruck, während die horizontalen Elemente entlang der Aluminiumfenster die Räumlichkeit unterstreichen. Beide Bewegungen schaffen einen belebten Rhythmus von Licht und Schatten, der ohne dekorative Anstrengungen ein markantes Muster herstellt. Einfache Großbuchstaben auf dem Dach mit dem Sigel der Gesellschaft sowie eine riesige Antenne beschließen ein Bauwerk, das den Liebhabern romantischer Wolkenkratzer vielleicht allzu nüchtern, nicht eigentlich »schön« erscheint. Dennoch besitzt es eine Art zurückgenommener Schönheit, die Ausdruck konstruktiver Offenheit ist.

In einem anderen Sinn innovativ, ja revolutionär ist das *Rockefeller Center* in New York (Abb. 76), das nach Charles Jencks eine »skycity« darstellt, einen Komplex von insgesamt 14 Bauten, die mit einer vertieft angelegten Plaza, mit Promenaden, unterschiedlichen Fußgängerebenen, unterirdischen Laderampen, einer Eislauffläche und so weiter eine eigene kleine Stadt innerhalb der Metropole ausmachen. Man hat das *Center* die erste »landschaftlich gestaltete«

Wolkenkratzeransammlung genannt, die eine einmalige Symbiose von Architektur und Stadtorganismus herstelle. Zum ersten Mal in der Geschichte wartete ein kommerzielles Bauprojekt nicht einfach nur mit kosmetischen Zugeständnissen gegenüber der Öffentlichkeit und dem urbanen Kontext auf, sondern stellte seine Bedeutung innerhalb der Stadtplanentwicklung bewußt in den Mittelpunkt. Bis dahin gab es nur unrealisierte Ideen wie die von Eliel Saarinen, in den städtischen Zentren stilistisch homogene, doch funktional gemischte Bauformen zu entwickeln, die einen Zusammenhang zwischen Arbeit und Freizeit, Erholung und Kommerz, Business und Entertainment stiften sollten. Einerseits waren die Menschen sozial und dank Auto und Subways auch geographisch mobiler geworden, was die Grenzen zwischen Stadtkern und Umland durchlässiger machte; andererseits bewirkte die enorme räumliche Expansion eine zunehmende Parzellierung menschlicher Aktivitäten in Beruf und Freizeit, so daß gleichsam Zentren ihrer Bündelung notwendig wurden. Weshalb nun aber sollte man im gleichen Komplex, in dem man arbeitete, nicht auch einkaufen, essen, sich entspannen und abends sich unterhalten können? (Abb. 77)

Planung und Bau des *Rockefeller Center* währten dreizehn Jahre. 1927 pachtete John D. Rockefeller Jr. ein sechs Hektar großes Sanierungsgelände zwischen der 48th und 51st Street sowie der Fifth und Sixth Avenue für einen Jahreszins von drei Millionen Dollar. Um die zunächst vom Architekten Wallace Harrison entworfene Hochhausgruppe zu ermöglichen, mußten mehr als zweihundert alte Brownstone-Häuser abgerissen werden. Entwürfe von Raymond Hood sahen eine Stadt auf mehreren Ebenen vor, verbunden durch Luftbrücken und Arkaden. Auf den Terrassen sollten sonnige Dachgärten als öffentliche Erholungsstätten entstehen. Diese Pläne, die einer Vereinzelung und funktionalen Einengung der Gebäude entgegenwirken sollten, wurden freilich bald fallengelassen – der Börsenkrach zwang zu weniger babylonischen Lösungen.

Trotzdem ist das Ergebnis noch immer imponierend genug. Das mit 125 Millionen Dollar bis dahin teuerste Projekt der Wolkenkratzergeschichte fiel mitten in die schwärzesten Jahre der Depression, und Rockefeller wollte ein Zeichen setzen, daß sich die großen Trusts und das Unternehmertum überhaupt durchaus um die öffentliche Wohlfahrt sorgten. Eine solche Demonstration guten Willens war nicht unumstritten, doch paßte sie in den geschichtlichen Kontext: Die »Himmelstadt« sollte soziales Gewissen demonstrieren, während die vom urbanen Kontext abgetrennten Solitäre für Eigennutz und Arroganz standen. Zudem verstärkte sich während der Depression der Hang zu regionaler Planung, was bedeutete, daß die Stadt nicht länger nur autonome Inseln von Produktion und Kapitalakkumulation aufweisen sollte. Mit großer Verspätung traf die »City Beautiful«-Bewegung mit ihrem umgreifenden Rahmenkonzept auf ein ihr gewogenes politisches Klima.

Mit dem 247 Meter hohen *RCA Building* (Abb. 78) hat freilich auch das Rockefeller Center seinen architektonischen Mittelpunkt. An der Schmalseite erweckt der mit Stahlbeton erbaute Wolkenkratzer den Eindruck riesiger, unmittelbar aneinandergefügter Scheiben, die sein Volumen betonen. Auf diese Weise erscheinen die Setbacks nicht mehr als bloße Stufen, sondern als ein ästhetisch faszinierendes Gliederungsprinzip, das die Großfläche des dramatisch schmalen Scheibenhochhauses in parallel kommunizierende Fassadenflächen aufteilt. Der Kalkstein aus Indiana unterstreicht dabei sowohl das Blockartige als auch die Schlankheit des Bauwerks, je nachdem, von welchem Winkel man sich ihm nähert. Das *Rockefeller Center* vereint fast mühelos vergangene und zeitgenössische Tendenzen, indem es den großzügigen Stadtplanungs-Klassizismus der Beaux-Arts-Schule, die Ornamentik der Art deco und die reduktive Klarheit der Moderne in ein harmonisches Ganzes bringt.

Anzumerken bleibt jene Kontroverse, die Diego Riveras Aufnahme von Lenin in sein Fresko »Der Mensch am Scheidewege« im *RCA Building* auslöste. Rivera erinnert sich: »Als ich das Gebäude verließ, hatten die Zimmerleute bereits das Wandgemälde abgedeckt, als ob sie befürchteten, daß die ganze Stadt mit ihren Banken und Börsen, mit ihren großartigen Gebäuden und ihren Millionärsresidenzen völlig zerstört werden könnte, allein durch die bloße Gegenwart eines Bildnisses von Vladimir Iljitsch...« (Zit. n. Bartels 1989, S. 91–93)

77   Vision eines Künstlers von Manhattan in den achtziger Jahren (ca. 1930)

Dem zeitgenössischen Verstehen zugänglicher waren Lee Lawries in bunten Stein und Glas gehauene Figuren »Weisheit und Wissen« über dem Haupteingang des *RCA Building*. »Wisdom« ähnelt William Blakes Zeichnung vom Schöpfer. Wiederum hat sich der »Wol-

215

kenkratzer in einen irdischen Ersatz für spirituelle Werke« verwandelt (Meßler 1983, S. 168).

Die metallenen Ausfachungen, die Aluminiumfenster und die Transparenz des Trägersystems deuteten bei den avanciertesten Bauten der frühen dreißiger Jahre bereits auf die Tendenz, nicht mehr nur dekorierte Mauerwerkskonstruktionen auf das Stahlskelett zu hängen. Der Beginn der klassischen Moderne in der amerikanischen Wolkenkratzerarchitektur läßt sich dabei relativ genau datieren: 1932 nämlich organisierten Henry-Russell Hitchcock und Philip Johnson im Museum of Modern Art eine Ausstellung über »Modern Architecture« und gaben dazu einen Katalog heraus mit dem Titel »The International Style«. Das Neuartige bestand auch darin, daß hier ›ein‹ verbindlicher Stil gegen die diversen Stile der Vergangenheit propagiert wurde. Sicherlich speiste sich dieser Stil aus unterschiedlichen, vor allem europäischen Einflüssen, unter anderem aus dem grenzsprengenden Internationalismus des niederländischen »De Stijl«, der Bauhaus-Bewegung, der futuristischen Maschinenästhetik sowie dem russischen Konstruktivismus. Hinzu kamen spezifisch amerikanische Erfahrungen mit Zweckbauten wie Lagerhäusern, Docks und vor allem Kornspeichern. Hitchcock/ Johnsons Prinzipien für ein neues Bauen können in einigen wenigen Oppositionen zusammengefaßt werden: Volumen statt Masse und Solidität, Regularität statt Symmetrie, technische Perfektion statt Ornamentik.

Das Konzept einer »Haut-und-Knochen«-Architektur Mies van der Rohes setzt voraus, daß die Wirkung statischer Kompaktheit, wie sie Ziegel- und Sandsteinfassaden hervorrufen, durch »offene« und möglichst durchsichtige Flächen ersetzt wird. Das in ein Oberflächenraster gespannte Volumen soll auf diese Weise Konstruktion und Funktionsverteilungen sichtbar machen, und die das gesamte Gebäude umspannende Haut soll an Stelle der Fassade mit ihren unterschiedlich privilegierten Ansichten treten. Das Volumen würde somit als immateriell und schwerelos empfunden, als ein geome-

◁ 78 RCA Building (Rockefeller Center), New York

trisch umfangener Raum. Aus diesem Grund sind die Stützen moderner Bauten häufig nach innen versetzt, damit die Vorhangwände um so schwereloser erscheinen; die Fenster wiederum in Verbindung mit dem rostfreien Stahlrahmen bilden ›eine‹ Ebene mit der Fassadenfläche oder gehen völlig in der Glashaut auf.

Die Verwendung planimetrischer und stereometrischer Elemente (daher auch das Flachdach!) schafft eine Ordnung, die eine Brücke zu Klarheit und Wahrheit schlagen soll. Axiale Symmetrie und pyramidale Kompositionen werden als Merkmale einer veralteten Ästhetik zurückgewiesen und durch die »Echozeichen« der rechtwinkligen Gitter ersetzt, derentwegen Piet Mondrian nach New York, in die Stadt der »grids«, gekommen war. Schließlich gerät auch die Fassadendekoration in Mißkredit: Das applizierte Ornament verkleistere, so die Auffassung Mies', die innewohnende Eleganz der benutzten Grundmaterialien, es sei Symbol eines snobistischen, moralisch verwerflichen Luxusstils und stehe im Gegensatz zum Postulat, die Maschine zum konstruktiven Element beziehungsweise die Technologie zum eigentlichen Kunsthandwerk zu erheben.

»Weniger ist mehr!« (»less is more«) lautete das von Mies van der Rohe aufgestellte Credo, in Entsprechung zu Lewis Mumfords These, ein Gebäude sei »der eindeutige, sparsame Ausdruck seiner Materialien und seines Grundrisses« (Zit. in Huxtable 1986, S. 58). Diese asketische Beschränkung auf das Wesentliche fand in Europa und den Vereinigten Staaten sehr unterschiedliche Rechtfertigungen. In der deutschen, niederländischen und sowjetischen Avantgarde verstand sich der Architekt als Sozialingenieur und Gesellschaftsplaner, als Demiurg einer neuen Zeit, der an einer allseits verwendbaren »Universalgrammatik« des Bauens (Mies) arbeitete. Der Begriff von Rationalität besaß in Europa auch einen stark ethischen Anspruch, er beinhaltete geradezu eine pädagogische Mission, indem die höchsten Technologiestandards für ein rationelles, »kollektives« Bauen eingesetzt wurden. Der Architekt wollte nützlich sein und verstand sich nicht mehr als privilegierter Lieferant von unverwechselbaren Luxushüllen oder kapitalistischen Prestigeobjekten. In den USA hat dieses Pathos der Gerechtigkeit trotz des New Deal seit jeher weniger verfangen, und es findet sich auch an keiner Stelle in Hitchcock/Johnsons Katalog.

Die Durchsetzung des Internationalen Stils im amerikanischen Wolkenkratzerbau hat gewiß einen wesentlichen Grund in Mies' Emigration nach Chicago, wo er am Illinois Institute of Technology lehrte. Doch es gibt auch eine andere Erklärung für den Sieg des rechten Winkels: Die Tendenz zur radikalen Vereinfachung und Standardisierung, wie sie die industrielle Fertigung moderner Hochbauten mit sich bringt, erzielte in der angespannten Wirtschaftslage während und nach dem Zweiten Weltkrieg ihre kostensparende Wirkung. Zudem herrschte ein Mangel an Kunsthandwerkern, die die Art-deco-Tradition hätten weiterführen können. Das pragmatische Argument der Rationalisierung traf allerdings auf eine generalisierbare Zeiterscheinung: Die anonymen »Kästen« aus Stahl und Glas besaßen, ob beabsichtigt oder nicht, eine nicht unbeträchtliche Symbolkraft für die wachsende Anonymität der Konzerne und Konsortien mit ihren rechtwinkligen, vollklimatisierten Großraumbüros und ihren stets neu fälligen Reorganisations- und Planungsprozessen. Gefragt war jetzt der effizient funktionierende »organization man«, der seine individuellen Ansprüche denen der gesichtslosen Firmenbürokratie unterordnete. Rationalität, Pragmatismus, Leistungsfähigkeit: der kartesianische Wolkenkratzer aus Glas umhüllt eine »komplette kulturelle Leere« (Koolhaas 1978, S. 212) und stellt sich selbst in abweisenden Kontrast zur Straßenfront. Was als Ausdruck konstruktiver Ehrlichkeit beabsichtigt war, erwies sich nur allzu schnell als antiurbaner Purismus.

Den größten Schaden hat wohl das Postulat der beliebigen Reproduzierbarkeit angerichtet, sobald erst einmal ein Standardmodell vorgegeben war. Mies wußte darum und sprach es auch aus, daß große Dinge nie einfach sind, sondern schwierig und selten. Doch seine vermeintlich bescheidenen Formeln des »Weniger ist mehr« und des »fast nichts« (»almost nothing«) haben zu viele unbescheidene Imitatoren auf den Plan gerufen und sich als »Falle für die Naiven« erwiesen (Jordy 1972, S. 225). Die klassische und einsame Größe von Mies' *Seagram Building* in der Park Avenue verkümmert zu leerer Banalität, wenn sie zum Vorbild für Dutzende von ähnlichen Bauwerken genommen wird – die zu allem Überfluß auch noch mit weit weniger handwerklicher Sorgfalt und Liebe zum Detail entworfen sind.

Wenn die »Kiste« heute weithin als ästhetische Sackgasse und soziale Fehlplanung gilt, liegt das keineswegs daran, daß die »Urmodelle« keine erregenden, in der Makellosigkeit ihrer Ausführung zutiefst überzeugenden Monumente der Architekturgeschichte gewesen wären. Vielmehr eignet der stereometrisch fixierten, am gläsernen Rechtkant orientierten Großform eine Endgültigkeit, die kaum mehr Variationen und neue Einfälle erlaubte, sondern in der Folge nur noch in ihren billig-schäbigen Rationalisierungsaspekten gesehen wurde. Zu Recht hat man deshalb mit Blick auf die Imitate von egalisierter Massenware und rigoros trivialisierten Bauhauskopien gesprochen.

Die seriell gefertigten Nachahmungen haben so zur unverdienten Diskreditierung der klassisch-modernen Wolkenkratzerarchitektur beigetragen, obwohl diese einige der schönsten und würdevollsten Bauten aufweist, die in den Vereinigten Staaten zu bewundern sind. So paradox es auch klingen mag: In ihrer klassischen Reinheit sind diese Bauten doch auch wieder Objekte eines romantischen Begehrens. Ihre herausragenden Eigenschaften sind Raffinesse in den strukturalen Proportionen, Eleganz der Profile, präzise Detailabstimmung und höchste Bewußtheit bei der Wahl der Materialien.

Mit den beiden 1951 fertiggestellten Apartmenthäusern unter der Chicagoer Adresse *860–880 Lake Shore Drive* (Abb. 79) gelang es Mies, neue Maßstäbe im Hochhausbau zu setzen. Die auf Stützen gestellten 26geschossigen Türme sind mit ihren Breit- und Schmalseiten rechtwinklig gegeneinandergesetzt, wobei der ohnehin nur schmale Abstand durch ein Schutzdach überbrückt wird. Schon dank dieser Positionierung entsteht ein spannungsvoller »Dialog«, der bei näherer Betrachtung der Strukturen fortgesetzt wird. Um nämlich die Glashaut und den Rahmen visuell aufeinander zu beziehen, ließ Mies an das Rahmenwerk zwischen den Hauptträgern stählerne »I«-Profile schweißen, die das Äußere des Baus je nach Blickwinkel subtil variieren: Wenn der Blick gerade nach oben weist, enthüllt sich die Fassade in heller, gläserner Transparenz, während von seitwärts das Gebäude durch die Profile an Festigkeit

79   860–880 Lake Shore Drive, Chicago   ▷

gewinnt. Der Gebrauch von Baustahl als »angewandtem Ornament« schafft ein Zusammenspiel von Licht und Schatten, das durch keine Irregularität gestört werden darf; noch vor dem Einzug müssen sich die Bewohner vertraglich zu hellen Vorhängen verpflichten!

Ein Jahr nach Vollendung dieses Doppelhochhauses entstand mit dem *UN Secretariat Building* (Abb. 80) der erste gläserne Curtain Wall in New York. Obwohl eine internationale Architektengruppe unter Vorsitz von Wallace K. Harrison für den 39geschossigen Scheibenwolkenkratzer verantwortlich zeichnete, handelte es sich im wesentlichen um die verwässerte Version eines Entwurfs von Le Corbusier, der seine Kollegen beschuldigte, sich seine Ideen angeeignet und sie mißbraucht zu haben. Die nur cirka 24 Meter langen Querseiten aus weißem Vermont-Marmor weisen nach Norden und Süden, die aus grünem Glas und Metallpaneelen bestehenden Längsseiten nach Osten und Westen. So entsteht eine gläserne Tafel, die mal wie ein Spiegel, mal durchsichtig oder mit einer feinmaschigen Textur versehen wirkt. Eine der gewaltigen Strukturen aus Le Corbusiers frühen Planungsstädten scheint sich an den East River verirrt zu haben, wo sie nun der UN-Bürokratie als Stützpunkt dient.

Mehr noch als das UN-Sekretariatsgebäude hat das 1952 vom SOM-Partner Gordon Bunshaft entworfene *Lever House* (390 Park Avenue; Abb. 81) eine ganze Ära des Hochhausbaus begründet. In der damaligen Umgebung aus schweren Kalkstein- und Granitbauten muß es wie eine asymmetrisch komponierte Skulptur von provozierender Leichtigkeit gewirkt haben.

Zwei Neuerungen heben es aus allem hervor, was man bis dahin gewohnt war. Da ist zunächst die optische Trennung zwischen dem horizontalen, pfostengetragenen Flachbau, der ein Atrium umschließt und das ganze Grundstück überdeckt, und der vertikalen Hochhausscheibe, einer Stahlskelettkonstruktion mit vorgehängter Glasfassade, die sich von der Park Avenue im 90-Grad-Winkel demonstrativ abwendet. Das stählerne Sprossennetz des Turms kommt ohne jedes Mauerwerk aus, so daß eine einmalige Wirkung aus Licht und Offenheit entsteht. Gegensätzlichkeit und Asymmetrie der beiden Baukörper sorgen dafür, daß eine mit Gespür für Proportionen ausbalancierte Spannung entsteht. Die zweite Überraschung liegt in der radikalen Öffnung der Straßenbegrenzung. Der

80 UN Secretariat
Building,
New York

von Pfeilerarkaden umgebene öffentliche Gartenhof rückt das eigentliche Gebäude nach hinten und isoliert es damit von den umliegenden Straßen. Selbst die Haupteingänge des Turms, der nur 25 Prozent des Grundstücks einnimmt, sind weit vom Fußgängerverkehr entfernt.

Zu Beginn der fünfziger Jahre bedeutete dies alles eine ungemein generöse Aufteilung des verfügbaren Raums. Im Rückblick freilich, nach all den Erfahrungen mit betonierten Plazas und sterilen Innenhöfen, erscheint die Geste in einem weniger günstigen Licht. Was im Ensemble von skulpturaler Großartigkeit ist, erschließt sich aus der Nähe als enttäuschend verödet und von der Bevölkerung wenig akzeptiert. Auch darin war das *Lever House* »Vorbild« für viele nachkommende Bauten.

Phyllis Lambert, die Tochter des Aufsichtsratsvorsitzenden der Whisky-Firma Seagram, hörte, daß ihr Vater ein mittelmäßiges Architektenbüro mit dem Bau eines neuen Verwaltungsgebäudes in der Park Avenue, schräg gegenüber dem *Lever House,* beauftragt hatte. Daraufhin eilte sie aus Paris zurück und plädierte für einen Architekten von internationalem Ruf. Frank Lloyd Wright und Le Corbusier übten ihrer Meinung nach keinen segensreichen Einfluß auf die New Yorker Bautradition aus. Deshalb fiel ihre Wahl auf Mies van der Rohe: »Man könnte denken,« überredete sie ihren Vater mit kompetenter Dialektik, »daß diese asketisch karge Kraft, diese häßliche Schönheit, schrecklich streng sei. Das ist wahr, und doch enthält sie noch um so mehr an Schönheit.« (Zit. in Goldberger 1979, S. 160)

Das *Seagram Building* (Abb. 82), Mies' erstes Firmenhochhaus, ein 38geschossiger Turm fast ohne Veränderung in Maß, Gliederung und Rhythmus, ist ein bronzenes Bauwerk von einmaliger Eleganz und Reinheit der Formen. Philip Johnson, der das Four Seasons Restaurant nahe der Lobby entwarf, nannte es »eine große Übung im Schinkelschen Klassizismus« (1982, S. 148).

Auf den ersten Blick glaubt man ein Modell konstruktiver Klarheit vor sich zu haben, das jeden Gedanken an Ornament und Fassadenkunst brüsk zurückweist. Hinter einer Reihe von zweigeschossigen Stützpfeilern am Eingang verläuft die verglaste Eingangshalle, die die Sicht auf die Pylonen der Fahrstühle freigibt. Die Fenster sind auf der ganzen Länge des Schaftes gleichmäßig wiederholt, wobei senkrechte Doppel-»T«-Träger sie zu vertikalen Streifen verbinden. Da die Träger einige Zentimeter vor die Reihen der Stützen gezogen sind, mußte Mies die Ecken mit Stahlwinkeln artikulieren. Auch im Innern des Baus herrscht eine perfekte Detaillierung, angefangen mit der Beschriftung der Briefkästen bis hin zu den eigens entworfenen WC-Armaturen.

Alles am *Seagram Building* folgt einer streng durchdachten »adaequatio rei« im Sinne Thomas von Aquins, einer bruchlosen Zuordnung der konstruktiven Logik auf die Zwecke des Baus. Doch ob es

82 Seagram Building,
New York

die Jalousien sind, die sich nur in drei genau festgelegten Intervallen
öffnen lassen, die bronzenen Tragbalken und Fensterrahmungen
oder das bräunlich getönte Glas und der Stahl, der mit feuersicherem
Beton verhüllt ist, den wiederum bronzierter Stahl umgibt – sozusa-
gen das Innere nach außen gekehrt: Alles weist darauf hin, daß der
Funktionalismus der klassischen Moderne das Resultat einer unge-
heuren ästhetischen Anstrengung ist. In seinem Enthüllungszwang
ist der Funktionalismus fast genauso maniert und dekorativ wie
frühere Stilformen in ihrer Lust an der ›Verhüllung‹.

In seinem schrecklich einseitigen Pamphlet gegen die Moderne,
»From Bauhaus to Our House«, trifft Tom Wolfe denn auch den
Punkt, wenn er ironisch nachhakt: »Als sich das Problem des freige-
legten Stahls ergab – nun, da es keinen braunen Stahl gibt, außer
wenn er rostet, wurde ein bronzener gewählt. Hieß das aber nicht,
daß man Farbe hinzugab, wie der arme Bruno Taut? Nicht doch,

Bronze war Bronze; so kam es doch schließlich aus der Gießerei!«
(1981, S. 67).

Selbst Wolfes Zynismus reicht jedoch nicht aus, um den dekorativen Purismus der Moderne gänzlich zu durchschauen. Denn das 1965 von Mies' Nachfolger C. F. Murphy in Chicago errichtete *Civic Center* (heute *Richard J. Daley Center)* besteht in der Tat aus witterungsanfälligem Cortenstahl, der im Lauf der Jahre eine höchst eigenwillige rostbraune Färbung annahm, im Einklang mit der Picasso-Skulptur auf dem Vorplatz. Der durch extrem lange Spannweiten geprägte Bau erlangt damit eine farbliche »Tonalität« von seltener Anmut.

In Chicago hat Mies den Erfolg des *Seagram Building* noch zweimal zu wiederholen versucht: Sowohl das *Federal Center* (1964) als auch das *IBM Building* (1971) erzielen eine raffinierte Einfachheit, die beweist, daß in der Epoche der fortgeschrittenen Standardisierung allein noch die Originale den angestrebten Perfektionsstandard zu halten vermochten.

In seiner Streitschrift schreckt Tom Wolfe nicht davor zurück, die Moderne als Komplott einer Gruppe europäischer, vor allem deutscher Intellektueller wie Gropius und Mies darzustellen, die ihre missionarischen Dogmen einer unwilligen angloamerikanischen Welt aufzwangen. Ein wenig wie der englische Thronfolger, der das Unbehagen an der Moderne klar erkennt und in seine eigenen epigonalen Geschmacksurteile einbaut, vergleicht Wolfe die vertikale Glasbox polemisch mit einem Stadthaus aus der Restaurationszeit. Er schreckt auch nicht vor Kalauern zurück, wenn er in der monotonen Avenue of the Americas »Row after Mies van der row of glass boxes« ausmacht (1981, S. 9). Weiterhin gießt er Spott über die Anschauung, die Bourgeoisie habe schon immer falsche Fassaden benötigt, um ihr häßliches Antlitz zu verdecken, wohingegen der moderne Reduktionismus, befreit von allem Ornament und den hedonistischen Symbolen der alten Unterdrückerkulturen, den Führungsanspruch der revolutionären Avantgarde übernehme.

Für Wolfe war es ein historisches Datum, gleichsam das symbolische Ende aller »Mieslings« (1981, S. 122), als ein 1955 errichtetes und bald schon verrottetes Hochhausprojekt, *Pruitt-Igre* in St.

Louis, am 15. Juli 1972 um 3 Uhr 32 gesprengt wurde. Das Dynamit erschien Wolfe als Eingeständnis eines monumentalen Irrtums, der die Bedürfnisse des Menschen nach Vergnügen, Augenweide, Farbe und historischen Formen sträflich negierte.

Die darauf folgende Wende läßt sich am besten mit Robert Venturis Variation des Diktums »less is more« beschreiben: »Less is a bore« (»weniger ist langweilig«). Das karg geometrische Stilprinzip der Moderne galt nun als puritanische Orthodoxie »entlarvt«. Philip Johnson, gewiß der agilste und wendigste amerikanische Architekt des 20. Jahrhunderts, immerhin einst Schüler von Mies und Gropius, stellte 1968 fest: »Die moderne Architektur ist ein Flop ... Es steht außer Frage, daß unsere Städte heute häßlicher sind als vor 50 Jahren.« (Zit. in Blake 1977, S. 10) Mit der Postmoderne werden später neue, aufregende Fassadentapeten geklebt – eine Aufgabe, an der Philip Johnson mit wechselndem Erfolg selbst beteiligt ist.

Der Überdruß an den Glasrastercontainern ist jedoch nicht als generelles »Versagen« moderner Architektur zu werten. Der große Irrtum bestand vielmehr in dem Postulat idealer Einfachheit, geboren aus den Segnungen der industriellen Massenproduktion. Die Unfähigkeit vieler Bauten, kulturelle Kontinuität auch sinnlich darzustellen und der Energie urbanen Lebens anders als in kalter Aggressivität gegenüberzutreten, hat den Fortschrittsbegriff in der Architektur zunächst gründlich diskreditiert. Andererseits beweisen viele nach dem Ende der »Kiste« errichtete Wolkenkratzerbauten, daß die Moderne keineswegs ihren Abschluß gefunden hat, sondern allenfalls aus einer allzu großen Enge und Verbindlichkeit ihrer selbstverordneten Doktrinen befreit wurde.

»Spätmoderne« und »Postmoderne«

Dem *Seagram Building* ist eine freie Plaza vorgelagert, die durch drei Stufen wie ein Podium von der Park Avenue abgesetzt ist. Springbrunnen flankieren den mit Granit ausgelegten Freiraum, dessen Kreuzachse unmittelbar zum Gebäude führt. Als öffentliche

Zone geplant, war dies ein Geschenk an die New Yorker, die es als Ruheinsel dankbar annahmen. Der enorme Erfolg des Experiments veranlaßte die Stadt 1961, das Zonierungsgesetz von 1916 zu novellieren. Nun sollte ein ausgeklügeltes Bonus-System zur Anwendung kommen, das die Berechnung der sogenannten »FAR« (»Floor Area Ratio«), der Geschoßflächenverteilung, sehr viel großzügiger gestaltete, sobald von den Bauherren öffentlicher Raum bereitgestellt wurde, zum Beispiel Atrien, Arkaden, Galerien, Passagen, U-Bahn-Eingänge, Ruhezonen mit Wasserfällen, verglaste Gärtchen und so weiter.

Ada Louise Huxtable nannte das Reformgesetz ein Frankenstein-Instrument zur Schaffung von Ungeheuern (1986, S. XII). Es erlaubt nämlich eine flexiblere Auslegung der Höhenbestimmung, wenn »Zugeständnisse« von privater Seite eine Entlastung der städtischen Finanzen bringen. Dahinter steht die Idee, alles zu belohnen, was zu einer besseren Infrastruktur beiträgt, insbesondere im Bodenbereich.

Die Ergebnisse dieser neuen Politik sind inzwischen in New York massenhaft zu besichtigen. Noch die kleinste Grünfläche wird auf Plaketten zur großzügigen Raumabtretung an die Öffentlichkeit erklärt, und jeder etwas breitere Stahlrohrsitz gilt als stolz erwähnter Beitrag an die Behinderten. Oft erfährt der zu eigenen Gunsten geschaffene »öffentliche Raum« hinterrücks doch wieder eine Reprivatisierung: Restaurants übernehmen die Funktion von Kantinen für das Hauspersonal, und im schlimmsten Fall werden Geschäfte durch hochgetriebene Mieten leergehalten, was den Abzug von teurem Wachpersonal ermöglicht. Eine gezückte Fotokamera erregt in nicht wenigen Gebäuden die sofortige Aufmerksamkeit der Mietpolizisten. Verhandlungen mit dem Gebäudemanager über eine einzige Aufnahme, etwa des Atriums, können sich zu einem urheberrechtlichen Problem ungeahnter Größenordnung gestalten.

So wird deutlich, daß der kommunikative Aspekt des »öffentlichen Raums« nicht mehr als eine private Vorgabe ist, mit der die Baugenehmigungsbehörden geködert werden. Freilich ist neuerdings zu beobachten, daß die Gerichte dem allzu offensichtlichen Mißbrauch des Gesetzes einen Riegel vorschieben. Ein Übereinkommen zwischen der Stadt New York und dem Developer William

Zuckerman Jr., dem zufolge dieser bei Zahlung eines 57-Millionen-Dollar-Bonus die erlaubte Nutzfläche eines Grundstücks um 20 Prozent vergrößern durfte, wurde für gesetzwidrig erklärt; die Stadt habe kein Recht, die von ihr selbst aufgestellten Richtlinien in einem Kuhhandel zur Disposition zu stellen.

Als Einladung zu mafiaartigen Deals kann die gesetzliche Möglichkeit verstanden werden, in sogenannten »Paketen« Luftrechte von einem Gebäude an das andere abzutreten. Unter bestimmten Bedingungen kann ›brachliegender‹ Luftraum über einem Bauwerk auf ein davon entferntes Grundstück übertragen werden; auch ist es möglich, Luftrechte für mehrere Grundstücke zu »bündeln« und sie für die Errichtung eines um so höheren Wolkenkratzers einzusetzen. Ganze Kohorten von Anwälten sind mit dem Aushandeln dieser bis zur Undurchschaubarkeit komplexen Materie beschäftigt. Was vom Gesetz als vernünftige Konzession geplant war, gestaltete sich zum raffinierten Poker, bei dem beispielsweise auch die Luftrechte von besonders erhaltenswerten Gebäuden auf dem offenen Markt aufgekauft werden können.

Wie die Bevorzugung von rückgesetzten Einzelbauten inmitten einer Plaza gerade das Gegenteil der angestrebten Auflockerung bewirkte, ist am deprimierendsten in der Avenue of the Americas zu beobachten. Das traditionelle Straßenbild ist dort zugunsten von leblosen »öffentlichen Räumen« aus kaltem Beton aufgelöst, in deren Mittelachse jeweils anonyme »XYZ«-Bauten hochragen. Die Plaza am *World Trade Center* rühmt sich zwar, größer als Venedigs Markusplatz zu sein, doch ist sie toter Raum von bedrückender Trostlosigkeit. Der Übergang vom Gebäude zur Stadt scheint fast planvoll verhindert, sobald eine leere graue Platteninsel dem Straßenleben den Rücken kehrt und nur noch eine Präsentationsfläche für gleichermaßen unpersönliche Bauten abgibt.

Weil so viele der Wolkenkratzer sich nicht ins Stadtbild integrieren ließen, hat man die Stadt in die Wolkenkratzer geholt. Es entstand eine »indoor city« oder, wie der englische Schriftsteller David Lodge (1985, S. 92) es formulierte, eine Architektur, die das Äußere nach innen kehrt. In Roche/Dinkeloos *Ford Foundation* (320 E 43rd Street) gruppieren sich die Büros um einen 42 Meter hohen Wintergarten, der von außen schon durch die Glaswände hindurch als eine grüne Oase zum Verweilen einlädt. Die Illusion einer natürlichen Umwelt wird durch »innere Parks« und Miniaturstädte erzielt, die klimatisierte Idyllen inmitten der problembelasteten Großstadt darstellen. Dies sind spektakuläre Inszenierungen von »öffentlichem Raum«, und wie die meisten Inszenierungen sind sie mal mehr, mal weniger gelungen. Die grünen Bambushaine und großzügigen Sitzanlagen im *IBM Building* schaffen in der Tat eine beeindruckend entspannte Gartenatmosphäre, die gegenüber der abgasverpesteten und lärmenden Madison Avenue wie hermetisch abgedichtet ist. Die extremen Gegensätze hierzu sind zum Beispiel dürftige Topfpflanzenlandschaften oder die glitzernde Spiegelwelt des *Trump Tower,* wo Punktstrahler die synthetischen Scheinbilder von Natur und urbanem Luxus wie Exponate ausleuchten. Der Crystal Court des *IDS Building* in Minneapolis schließlich versucht alles in einem zu sein: zentraler Park, Shopping Center, Atrium, Markt und Lobby.

Seit den siebziger Jahren hat sich die Tendenz verstärkt, die Lobbies von Wolkenkratzern zu Konzert- und Kunstzonen umzuwandeln. Stehgeiger, Pianisten und ganze Bach-Chöre veranstalten kostenlose Matineen. Museen wie das »Whitney Museum of American Art« eröffnen Dependancen mit wechselnden Ausstellungen, etwa im *Philip Morris Building* (E 42nd Street). Selbst der vorbeieilende Passant erhascht noch den Eindruck eines Wandgemäldes von Frank Stella (599 Lexington Avenue) oder eines 20 Meter hohen Roy-Lichtenstein-Bildes an der Stirnwand der Lobby im neuen *Equitable Center* (Seventh Avenue/W 52nd Street).

Vor den Eingängen von Wolkenkratzern entstehen zuweilen wahre Skulpturenparks (Abb. 83), und es fällt schwer, sich zu erinnern, welche von Jean Dubuffets wundervoll kindlich verspielten Plastikübungen man nun in New York, Chicago, Houston oder San Francisco gesehen hat (Farbtaf. 18).

Insbesondere Chicago hat sich zu einem beeindruckenden Freiluftmuseum mit Plastiken von Pablo Picasso, Joan Miró, Alexander Calder (dem roten Stabile »Flamingo«) und Claes Oldenburg entwickelt. Meist gelingt es fast mühelos, den sonst oft trostlosen Eindruck einer alibihaften »Kunst am Bau« zu verdrängen. Die Skulp-

turen definieren den Ort in Augenhöhe und werden im günstigsten Fall zu spielerischen Paraphrasen – so auch, als Oldenburg seine gigantische Wäscheklammer in Philadelphia als Entwurf für einen Wolkenkratzer einreichte (Farbtaf. 17)!

Sobald globale Stilrichtungen für die Gegenwart oder die unmittelbare Vergangenheit benannt werden sollen, kommt es zwangsläufig zu terminologischen Verlegenheitslösungen. Die von David Jencks in die Debatte eingeführten, aber nicht von allen Architekten sonderlich geschätzten Begriffe der »Spätmoderne« und der »Postmoderne« können nur dann hilfreich sein, wenn sich mit ihnen konkrete Vorstellungen von jeweiligen Bautendenzen verbinden lassen; ansonsten wäre es absurd, die Moderne durch ständig neue Präfixe in die Gegenwart verlängern zu wollen. Immerhin hat die in den achtziger Jahren kontrovers diskutierte Postmoderne gerade in der Architektur ihre anschaulichsten Modelle geliefert, und plausibler als in allen anderen Künsten läßt sich in ihr nachweisen, wo die Moderne ihre Spuren hinterlassen, aber auch ihr entgegengesetzte Strömungen befördert hat.

Man hat die Spätmoderne gelegentlich als eine Art von expressionistischem Modernismus bezeichnet, bei dem das Dogma des Rechtkants aufgekündigt worden ist. Die Bauwerke erscheinen an ihren Ecken aufgeschnitten oder abgerundet, mit Kerben, Brechungen und Abschrägungen versehen, mit Krag- und Neigungsdächern gekrönt, so als wäre der Quader der ›Box‹ in den primären Körper einer Plastik gearbeitet worden (Abb. 84, 85). Der skulpturale Eindruck bewirkt, daß der Form ein Teil ihrer funktionalen Begründung genommen wird und an deren Stelle eine eher abstrakte Raumvision tritt. Der Begriff des »Slick-Tech«, einer makellos glatten Oberflächentechnik, beschreibt das Schillernde und Schimmernde, das kaum mehr erkennen läßt, was hinter den Scheiben und Wänden aus Silberaluminium vorgeht. Der Glaube an das technologisch Machbare scheint bei den Bauten der Spätmoderne zwar mehr denn je durch, doch sollen sie die allzu strengen Konstruktionsmuster

aufbrechen und die Struktur gleichsam ornamentalisieren. Die Geometrie der Gebäude erhält dadurch eine unerwartete Individualität, ohne daß eine gewisse Oberflächenanonymität verlorenginge.

Einer der meistdiskutierten Wolkenkratzer der sechziger Jahre war zweifellos das *CBS Building* in New York (51 W 52nd Street), das erst 1965 nach dem Tod seines Architekten Eero Saarinen fertiggestellt werden konnte. Die dreieckigen Parallelstützen aus gerauhter, anthrazitfarbener Marmoraußenverkleidung verleihen dem Bau eine elegant-düstere Abstraktion. Die dunklen Gläser erscheinen dabei wie Tausende tief versetzter Monitore. Durch die scharfkantigen Elemente entstehen starke Licht- und Schattenkonturen, die den »schwarzen Felsen« von nur 38 Geschossen um vieles höher erscheinen lassen.

Bestimmen beim *CBS Building* die neuen geometrischen Formen zunächst mehr die Fassadendetaillierung, so prägten sie fortan auch immer stärker den Umriß der Gebäude. Als schlichtweg genial erwies sich Minoru Yamasakis Idee bei der Konzeption des *World Trade Center:* Für sich genommen handelt es sich um überdimen-

◁ 84 Marina City, Chicago

85 Marina City, Chicago: Sicht von unten

235

86　Pennzoil Place, Houston

87　Xerox Centre, Chicago

sioniert in die Höhe gezogene Kisten aus rostfreiem Stahl, die zuweilen mit schlanken Grabsteinen verglichen wurden und deren Eintönigkeit nur durch ein paar pseudogotische Maßwerkelemente an Basis und Spitze unterbrochen wird. Erst die Verdoppelung nach Manier der frühen italienischen Geschlechtertürme hebt die Banalität auf und macht aus dem »Miniaturmodul« (Huxtable 1976, S. 122) doch noch ein prägnantes Wahrzeichen.

Philip Johnsons *Pennzoil Place* in Houston benutzt den trapezartigen Grundplan von zwei schräg angeschnittenen Glastürmen als spannungsreiches Gegengewicht zu den rechtwinkligen Flächen der dunkel spiegelnden Fassade (Abb. 86). Im Abstand von nur drei Metern begegnen sich die Keile an ihren jeweiligen Kanten, wobei sie bis zum achten Geschoß ein von weißen Stahlträgern gestütztes Glasdach im Winkel von 45 Grad verbindet. Das abgeschrägte Dach gibt auch beim Aluminiumturm des New Yorker *Citicorp* ein Sinnbild der »unvollendeten Moderne« ab, die in ihrer asymmetrischen Versetzung der Winkel ihre verbindliche Strenge verliert. Immer wieder werden Formen prismatisch kombiniert, wie etwa die gegeneinander versetzten Dachdreiecke des *Associates Center* von Epstein, die wie Badezimmerkacheln farbig getönten Hochkantrechtecke des *One South Wacker* von C. F. Murphy und Helmut Jahn oder die aneinanderstoßenden Kanten und computerhaft glatten Rundungen des *Xerox Centre* (Abb. 87), ebenfalls von Murphy und Jahn. Bis ins Extrem getrieben ist das Prinzip der triangulären Verschiebungen bei Ieoh Ming Peis Neubau für die *Bank of China* in Hongkong: Bis über 300 Meter hinauf türmt sich ein Stapel gläserner Dreiecke, die im kühlen Stil einer minimalistischen Abstraktion angeordnet sind.

Skulpturale Qualitäten erlangen spätmoderne Wolkenkratzer besonders durch ihre geometrisch ausgewiesene Grundrißfigur. Henry Cobbs und I. M. Peis *John Hancock Tower* (Farbtaf. 1) am Bostoner Copley Square ist ein schlankes Parallelogramm mit vertikalem Einschnitt, das je nach Blickwinkel wie eine scharfe Klinge oder eine dunkelblaue Scheibe erscheint, die sich gegen den Himmel gleichsam »entmaterialisiert«. Eine ähnliche Einkerbung weist Peis mit Rhombus- und Dreiecksgrundflächen versehenes *One Dallas Center* (350 North St. Paul Street) auf, während der nahegelegene

◁ 88 IDS Building,
      Minneapolis

89 Crocker Center,
    Los Angeles

Allied Bank Tower (Farbtaf. 24) von Cobb als kühl-elegantes, blau-grünes Prisma die Wolken mit einem 16geschossigen und diagonal zulaufenden Glasgiebel »kratzt«.

Edward Larrabee Barnes' marmornes *IBM Building* in New York erzielt mit seinen fünf Seitenkanten, von denen eine in die Kreuzung zwischen 57th Street und Madison Avenue ragt, eine gestreckt prismatische Form, die mit einer Skulptur von Donald Judd oder Sol LeWitt verglichen worden ist (Diamonstein 1980, S. 20). Philip Johnsons *IDS Building* in Minneapolis (Abb. 88) wiederum weist einen achteckigen Grundriß auf. Das Gebäude ist an einer Ecke derart abgestuft, daß das Glas zu einer vielfach facettierten Spiegelfläche gerät. Nicht zufällig werden Erinnerungen an Mies' Glashochhausprojekt wach.

Bauwerke wie das *Crocker Center* in Los Angeles (Abb. 89) oder der *Metropolitan Life Tower* in New York (W. 57th Street) schließlich sind abstrakte Dreieckskeile mit spiegelnder Oberfläche, deren spitze Winkel die Idee der Fassade fast völlig dementierten und den davorstehenden Betrachter nur noch eine hoch aufsteigende Linie erkennen lassen.

Das Chicagoer *John Hancock Center* (N. Michigan Avenue), das mit seinen gewaltigen Diagonalverstrebungen auch an einen Ölturm gemahnt, wirkt wie eine an ihrer Spitze geköpfte Pyramide. Auf welche Weise die einstmals magische Form der Pyramide vollends ihren okkulten Charakter verlieren und zum leeren, wenn auch aparten Designersymbol werden kann, läßt sich am *Transamerica Building* in San Francisco ablesen. Unterhalb der Spitze kragen zwei senkrechte Turmklötze vor, die an langgezogene Ohren erinnern (Abb. 90). Auch hier endet der Bau in einer Nadel. »Bizarr« und »prätentiös«: so lauteten noch die schmeichelhaftesten Urteile, die dem Bau in seinen Anfangsjahren widerfuhren. »Er gehört nach Dallas«, schrieb der »San Francisco Chronicle«, »wo Gebäude um Aufmerksamkeit buhlen« (zit. in Attoe 1981, S. 16); die Herkunft des Architekten aus Los Angeles hat Kritiker auch von einem »Übergriff aus Hollywood« sprechen lassen.

Neben den großen Architekten existieren auch renommierte Architekturbüros, und keines verkörpert so sehr Ethos und Stil der Spätmoderne wie Skidmore, Owings & Merrill (SOM) aus Chicago. 1980 waren in ihm über 2000 Mitarbeiter beschäftigt, darunter 1036 Architekten und 363 Ingenieure. Zwar konnte SOM regelmäßig auch Stararchitekten wie einst Gordon Bunshaft gewinnen, doch mehr als jede individuelle Eigenart zählte seit jeher der korporative »Stil des Hauses«, der auf eine Synthese aus hochtechnologischen Entwurfslösungen, Planungseffizienz und Praxiserfahrung abhebt. Ein weitgehend anonymes Spezialistenteam nahm zwar Einflüsse des Internationalen Stils auf, verarbeitete sie aber dann zu Entwürfen, bei denen die Tragwerkkonstruktion ästhetischer Ausdruck einer hinter ihr stehenden Bewältigung technischer Probleme ist.

Eine der originellsten SOM-Konstruktionen überhaupt ist das 1957 errichtete *Inland Steel Building* in Chicago (30 West Monroe

91 Inland Steel Building, Chicago

90 Transamerica Building, San Francisco

Street; Abb. 91). Für die Lifts, Treppen und Serviceeinheiten wurde ein separater Versorgungsturm aus Edelstahl entworfen, der nicht nur den eigentlichen Bürotrakt von allen Innenstützen »entlastet«, sondern auch die Funktionsdifferenzierung in den Wolkenkratzer strukturell aufnimmt und auf diese Weise ein Spannungsverhältnis zwischen den beiden Baukörpern gestaltet.

Bei der *Chase Manhattan Bank* (1961), einem monumentalen Scheibenhochhaus mit tief in die Erde verankertem Stahlgerüst (Abb. 92), sind die aluminiumverkleideten Stützen und Träger, anders als etwa beim *Lever House,* außerhalb der Glashaut angebracht, was zu einer größeren Flexibilität bei der Gestaltung der Innenräume führte. Die Terrassenfläche ist über eine riesige Rampe mit dem Straßenbereich verbunden, so daß das Gebäude wie auf einer Plattform ruht. Gewissermaßen zu einem Markenzeichen von SOM wurden die kreuzförmigen Verstrebungen an der Außenhaut, für die das *Alcoa Building* in San Francisco und das *John Hancock Center* in Chicago noch immer die besten Beispiele bieten. Im New Yorker Bau *780 Third Avenue* ist das Kreuzmuster sogar unmittelbar in die Fassadenstruktur eingelassen.

Noch in den achtziger Jahren ist zu spüren, daß SOM sich auf einen soliden Modernismus verläßt, der Experimente wie das Doppelgebäude *Crocker Center* im Bunker-Hill-Bereich von Los Angeles oder den Art-deco-Pyramidenabschluß des *LTV Center* in Dallas nur mit größter Vorsicht angeht und mit den pittoresken Showeffekten der Postmoderne nichts im Sinn hat.

Den ganzen Glamour der späten Moderne verkörpern die quasi-futuristischen Hotelkomplexe von John Portman, der als Architekt zugleich auch Bauherr ist. Manche zählen die Glasskulpturen, die jegliche Perspektive und Raumvorstellung bewußt zu minimieren versuchen, bereits zur Postmoderne, doch ist ihr populäres Idiom noch das eines verkitscht-romantischen Verständnisses von der Schönheit stereometrischer Reduktionsformen. Ob man das *Bonaventure* in Los Angeles (Abb. 93), das *Peachtree Center Plaza* in

93 Bonaventure Hotel, Los Angeles

Atlanta oder das *Renaissance Center* in Detroit nimmt: all diese Bauwerke weisen eine zylindrische Spiegelhaut auf und bewirken, so Fredric Jameson, »eine merkwürdige und gleichsam ortlose Absatzbewegung von der Umgebung« (in Huyssen/Scherpe 1986, S. 86). Diese Bewegung wird durch eine hypersensualistische Glätte der undurchdringlichen Glasflächen erzeugt, die sich etwa beim *Bonaventure* dank ihrer starken Wölbung wechselseitig spiegeln. Jean Baudrillard hat Glas für »unüberwindbarer als eine Steinmauer« erklärt, da es zu keinem »Interface zwischen Innen und Außen« komme (1987, S. 86); denn während das Glas innen transparent ist, kann der Betrachter von außen kaum unterscheiden, welche Spiegelflächen wirkliche Fenster sind. Die Kommunikation mit einem Gebäude gestaltet sich so wie das Gespräch mit einer Person, die eine undurchdringlich spiegelnde Sonnenbrille trägt. Auch wird die oft trostlose Downtown-Gegend mit ihren Elends- und Kriminalitätserscheinungen auf Distanz gebracht.

Portmans Hotels, von denen Goldberger meint, sie seien so entworfen, als sollten sie eigentlich anderswo stehen (1983, S. 88), erscheinen deshalb wie sichere Refugien vor den Gefahren von außerhalb. Die ästhetische Abgeschlossenheit verstärkt zudem die Bedeutung des Innenraums, der im Stil eines futuristischen Barock gestylt ist: rotierende Cocktail-Lounges wie fliegende Untertassen, Plexiglas-Lifts wie in die Höhe schießende Kanzeln oder Jahrmarktgondeln... Portmans »Erlebnisräume« mit ihren Miniaturlagunen und säulenbestückten Atrien versetzen den Besucher in das Spektakel einer symbolisch scheinenden und doch bedeutungsentleerten Landschaft; das architektonische Volumen verflacht zur zweidimensionalen Projektion eines neuromantischen Technofetisches. Diese Hotels sind ein beredter Kommentar, wie der Glanz urbanen Lebens in einer Zeit verwahrloster Zentren in Innenräume rückprojiziert wird.

Anhand von Welton Beckets Portman-Imitation des *Hyatt Regency Reunion* in Dallas kommt Charles Jencks dem Geheimnis des »Slick-Tech« mit Oxymora auf die Spur: »dunkle Helligkeit, weiche Härte, rechtwinklige Kurven« (1982, S. 69). Es ist das Wesen des Kitsches, alles sein zu wollen, doch verfehlen Portmans Bauten auf uns moderne Kitschmenschen doch nicht ihre faszinierende Wirkung. Sie ähneln urbanen Popvisionen, die an glitzernder Erlebnisfülle zurückgeben, was draußen den Energiesparmaßnahmen zum Opfer gefallen oder nicht mehr in Sicherheit zu genießen ist.

Mit dem *Embarcadero Center* in San Francisco (Farbtaf. 26) hat Portman eine Neuauflage des *Rockefeller Center* versucht. Dieser auf fünf Baukörper verteilte Komplex bildet eine Stadt ›en miniature‹, mit Restaurants, Läden, Ruhezonen, Innenhöfen und einem wie eine Schreibmaschine gestalteten Hotel. Konsum-Freizeitparks dieser Art wollen eine Entsprechung zum Milieu europäischer Plätze, Arkaden und Passagen herstellen. Wenn ihnen dennoch etwas leicht Surreales anhaftet, dann deshalb, weil die Atmosphäre aus einem unbehaglichen Bündnis zwischen vergangener Idylle und einer demonstrativ hervorgekehrten Technologiegläubigkeit erwächst. In dieser Hinsicht ist Portman der Walt Disney der amerikanischen Architektur, die sowohl ihre Zauberschlösser als auch ihre futuristischen Epcot-Zentren aufweist.

94 Spiegelung der Trinity Church im John Hancock Tower, Boston

95 UN Plaza, New York ▷

Da Glas durch die neuen Techniken biegsamer geworden war, ließ
es sich schließlich wie eine Membrane oder Glanzpapierfolie ausrol-
len und um Ecken und Kanten biegen. Die Fassaden verlieren
dadurch an Textur und Tiefe, so daß an ihnen weder Funktionen
noch Hierarchien innerhalb eines Gebäudes mehr abzulesen sind.
Kevin Roches *UN Plaza* (44th Street/First Avenue) mit seinem
Raster aus blaugrün reflektierenden Scheiben ist mit asymmetrisch
zugeschnittenen Kuben versehen, über die eine gleichförmige Haut
wie Millimeterpapier gespannt ist (Abb. 95). Philip Johnsons freistehender, schlanker Obelisk des *Transco Building* im Oak Park von
Houston deutet an der gläsernen Fassade zwar Fenster durch an-
dersfarbenes Glas an, doch ist dies nur ein Architektentrick, da es
sich keineswegs um wirkliche Fenster handelt.

Die Haut aus Glas definiert ein Gebäude und nimmt ihm zugleich
etwas von dieser Definition, indem es auch das Gegenüber reflek-
tiert und damit in sich aufnimmt. Wie in einer riesigen Scheibe spiegelt sich Henry Richardsons *Trinity Church* aus dem Jahr 1877 im

246

Bostoner *John Hancock Tower* (Abb. 94), und die glitzernde Vorderfront des *Trump Tower* wäre nur halb so viel wert ohne die in ihr reflektierte Fassade des *Crown Building*. Die »Glasmauer« schafft so ein Environment-Ereignis, das das Volumen durch die Spiegelung der Außenwelt entkörperlicht (Abb. 96).

Die Ölkrise von 1973 drängte zwar wegen des damit verbundenen hohen Energieverbrauchs Glas zugunsten von Stahl und Travertin für kurze Zeit zurück, doch hat man schnell zu effizienten Isolierungen gefunden. In der Postmoderne kehrte man dann wieder verstärkt zu den altmodischen Mauerfassaden zurück, da sie wie kein anderes Material die Abstufungen, Lineaturen und Farbtönungen der Fassaden hervorheben. Die gigantischen High-Tech-Strukturen der siebziger Jahre enthüllen im nachhinein einen ästhetischen wie konstruktiven Übergang: Sie verformen die Morphologie der »Kiste« in raffinierte Skulpturen, bleiben aber der Abneigung der Moderne gegen die »Fassadenkunst« treu – sei es auch nur dadurch, daß sie sich die Kunst des schönen Design einzig im Spiegelbild leihen.

Charles Jencks, einer der Wegbereiter der Debatte um die Postmoderne, hat gemutmaßt, daß einer der Gründe, warum das Etikett »postmodern« seit ungefähr 1975 allgemein akzeptiert werde, in der Vagheit und Mehrdeutigkeit des Terminus liege (1982, S. 13). Diese Mehrdeutigkeit bestimmt zugleich auch die Stilrichtung selber als inhärentes Kriterium – falls von einer Stilrichtung überhaupt die Rede sein soll. Denn kein Stil besitzt nun absolute Geltung mehr; statt dessen entsteht ein Konglomerat aus eklektischen Stilimitaten, die collageartig als ironische, historische, kontextuelle, regionale oder populärkulturelle Zitate eingesetzt werden. Selbst die klassische Moderne, von der sie sich zu verabschieden meint, kann als Styling-Vorlage von ihr adaptiert werden. Die postmoderne Architektur spiegelt in ihren »reinsten« Exemplaren die zeitgenössische Geschmackskultur wider mit all ihren schnell wechselnden Moden, Haltungen und Diskursen, die zuallererst den Verlust verbindlicher,

◁ 96   333 Wacker Drive, Chicago

97 Portland Public Services Building, Portland. Zeichnung von M. Graves

einheitlicher Maßstäbe anzeigen. Ihr hoher Aufmerksamkeitswert kam gerade zur rechten Zeit, als Mitte der siebziger Jahre nur noch wenige neue Wolkenkratzer entstanden und manche Architekturbüros schließen mußten.

Die Postmoderne lebt von einer Fülle von Doppel- und Mehrfachcodierungen: Die Bauten genügen modernsten Technologiestandards, schwelgen aber in einer traditionell-malerischen Ornamentik; sie sind wie alle Wolkenkratzer auf genau berechnete Funktionen hin ausgerichtet, beteiligen sich aber auch am zweckfreien Überfluß fiktionalen Geschichtenerzählens; es eignet ihnen ein elitärer Zug zum Exklusiven, zum kühl Extravaganten, das die aufgeputzte Pracht in unübersehbare Distanz zum Betrachter rückt, doch gleichzeitig »sprechen« sie eine sehr populäre Sprache, die auch Bereiche der Alltagsästhetik mit ihrer Lust an Gegenständlichkeit, Farbe und Bedeutungsfülle erschließt.

Die Postmoderne antwortet auf eine neue Entwicklung, indem sie die technischen Errungenschaften nicht mehr für uniforme Standardmodelle, sondern für hochgradig individuelle Lösungen einsetzt. Das Einzigartige wird zum Standard. Die für einen Bau notwendigen Materialien können über Computerberechnungen in einer Vielzahl von Tönungen, Oberflächenbearbeitungen und Zuschnitten bestellt und geliefert werden. Damit ist erstmals seit dem Kunsthandwerk der Art deco wieder eine Rückkehr zum Bildlichen möglich, zu einer metaphorisch aufgeladenen Fassadenkunst, die, anders als der vermeintlich sprach- und referenzlose Funktionalismus der Moderne, eine Fülle rhetorischer Bedeutungen vermittelt. So wie im Historismus der Neogotik das Stahlskelett ausgerechnet mit Backstein behängt wurde, fanden in der Postmoderne Granit und Marmor wieder Verwendung.

Am problematischsten war von Beginn an die eklektische Geschichtsaneignung postmoderner Architekten. Die Historie erscheint ihnen als Reservoir gleichberechtigt verwendbarer Versatzstücke, als Lieferantin von Zierat, als Fundus von Kulissen, die ohne Folgerichtigkeit der Chronologie und inneren Begründung nostalgisch aneinandergereiht werden. So kommt es zu einem ›Mixtum compositum‹ aus Arkaden, Kapitellen, Zinnen, Türmchen, Pilastern, Ziergiebeln und Mondrianschen Farbkaros.

Das *Portland Public Services Building* von Michael Graves, nach seiner Entstehung von manchen als »Pop-Surrealismus« abgetan, ist noch eines der gelungeneren Beispiele dafür, wie eine Collage aus baugeschichtlich vermeintlich unvereinbaren Elementen doch Neues erschaffen kann (Abb. 97). Eine pseudoklassizistisch geschnittene Fassade ist polychrom verputzt und mit kleinen, eingeschnittenen Fenstern wie bei einer Lagerhalle versehen. Dieses Oberflächenspiel mit disparaten Traditionsformen trägt sicher auch humorvolle, zuweilen unterhaltende Züge, doch hat die Postmoderne auch genügend Beispiele einer unverbindlich-kraftlosen Designarchitektur geschaffen. Und gerade weil sie so bedenkenlos geschichtliche Vorbilder geplündert hat, trug sie auch zur fatalen Tendenz einer erinnerungslosen Relativierung von Geschichte bei. Ada Louise Huxtable spricht in diesem Zusammenhang von einer »bauherrenfreundlichen Geschichtsschreibung« (1986, S. 85). Noch im Innern der Gebäude findet die bloße Einlösung eines Schecks in einer historisierenden Image- und Look-Architektur statt, die kein Gespür für Epochenprofile aufkommen lassen will.

98   Biltmore Place, Los Angeles

Das postmoderne Prinzip des »anything goes« hat in der Architekturkritik zu einer Fülle negativer Qualifizierungen geführt. So ist
zum Beispiel von »großen klebrigen Süßigkeiten« die Rede, von
»Riesenspieldosen«, »brillanten Schneiderarbeiten« und »steinerner
Spitzenklöppelei«, von »Puppenstubenarchitektur« oder einer
»Ausbeutung von Grimms Märchen« (vgl. besonders Huxtable
1986, S. 83–123). Gerügt werden die geschmäcklerischen Verrenkungen, die Modetorheiten und lauten Effekte, die bunten Selbstdarstellungen, die die Architektur zum schicken Outfit verkommen
ließen und das Finanzkapital wegdekorierten (Abb. 98). Die Bauten
hätten den Bestand einer Anekdote, eines schnell erzählten Witzes,
der nach Eröffnung der Pointe jegliches Interesse verliere. Als anti-
konstruktive Attrappen seien sie eher das Werk von Fassadenmalern
und Dekorateuren, die ihre hybriden Geschmacksmuster zusam-
menwürfelten.

Tatsächlich scheint schon nach eineinhalb Jahrzehnten Postmoderne ein voraussehbarer Sättigungsgrad erreicht zu sein: »Wenn der Internationale Stil Nulldiät war, dann ist der postmoderne Stil Chocolat mousse und Schlagsahne.« (John Pastier, in: Friedman, Hrsg., 1988, S. 13). Doch wie noch jede Richtung vor ihr hat auch die postmoderne Wolkenkratzerarchitektur Bauwerke hervorgebracht, die die in ihnen angelegte Spannung der Codes zu eindrucksvollen Ergebnissen verbinden: sei es, daß das Pastiche gleichzeitig etwas von den historischen Bedingungen der Formnachahmung enthüllt, sei es, daß das Spiel mit Stilformen eine Einheit des Widersprüchlichen (›concordia discors‹) schafft, die die Existenz eines verbindlichen Regel- und Bedeutungssystems als ein unhaltbares Dogma aufdeckt.

Wie nah Reflektiertheit und bedenkenlose Konformität in der Postmoderne beieinanderliegen, zeigt sich bei keinem Architekten deutlicher als bei Philip Johnson, der wie in der Geschichte vom Hasen und vom Igel jeder neuen Stilentwicklung immer ein paar Schritte voraus ist. Kein Wolkenkratzer hat nach Kriegsende so großen Aufruhr erregt wie das von Johnson und seinem Partner John Burgee entworfene *AT & T Building* von 1981 (550 Madison Avenue; Abb. 99). Oberflächlich gesehen nimmt es Sullivans Dreiteilegestalt wieder auf und unterteilt sie in historische Bildansichten. Die Basis mit ihrem imperial-romanesken Rundbogenportal von 22 Metern Höhe, ihren riesigen Kolonnaden und Okuli weckt Erinnerungen an Filippo Brunelleschis Pazzi-Kapelle in Florenz. Der Schaft in unpoliertem, fünf Zentimeter dickem Rosengranit beschwört in einer einzigen, nach oben weisenden Geste das Vorbild Sullivans. Erst das Dach markierte einen radikalen Abschied von allem, was man bis dahin gewohnt war: Es besitzt die Form des Aufsatzes eines Chippendale-Möbelstückes, sei es einer Kommode, sei es einer Standuhr; andere Betrachter fühlten sich an einen Rolls-Royce-Kühlergrill oder den geometrischen Klassizismus Claude Nicolas Ledoux erinnert. Diese vielfach auslegbare Bildlichkeit hat in ihrer Funktionslosigkeit vor allem die Karikaturisten auf den Plan gerufen, die ihrerseits Funktionen hinzuerfanden; die Zeitschrift »The New Yorker« zeigt den Aufsatz mal als Gabel für einen AT & T

99   AT & T Building,
New York

Telefonhörer, mal als Taubenschlag, und auf einer Zeichnung sagt
ein kleines Mädchen zu seiner Freundin: »Schau, Daddys Büro ist in
der linken oberen Schublade.« Im Abstand der Jahre hat das *AT & T
Building* jedoch an Ernsthaftigkeit hinzugewonnen, da man immer
mehr erkennt, daß es die Diskrepanzen in einem mächtigen szeno-
graphischen Entwurf integriert.

Eine vollständig unangemessene kulturelle Reminiszenz scheint
auf den ersten Blick Johnsons *PPG Corporate Headquarters* in
Pittsburgh (Market Square) zu wecken. Charles Barrys und
A. W. N. Pugins Londoner Parlamentsgebäude ist in eine Glasburg
mit 230 Zwergenzinnen verwandelt, die nachts dank der Verspiege-
lungen einen fluoreszierenden Glanz entwickeln. Doch gehorcht

das Gebäude einer konsequenten Logik. Als Pastiche hat es nämlich wiederum ein Pastiche zum Vorbild, so wie auch die alten Universitätsgebäude von Pittsburgh neogotisch inspiriert sind. Hier wird also kein bloßes Kulissenwesen inszeniert, sondern – durchaus mit Ironie und intelligentem Stilwitz – der Eklektizismus um eine zusätzliche Drehung der Schraube weitergeführt.

Eben diese Logik aber mußte versagen, als Johnson mit der *RepublicBank* in Houston (700 Louisiana) ein metallenes Imitat flandrischer Zunftbauweise mit Stufenfassade und einer Fülle von Ziergiebeln erstellte (Farbtaf. Umschlag), an das sich eine fast 40 Meter hohe Bankhalle im Antwerpener Stil anschließt. Die Reverenz an europäische Modelle wirkt hier weniger beziehungsreich als zynisch, doch ist allein die Idee als solche derart bizarr, daß der Bau gerade durch seine extreme Unangepaßtheit an Größe gewinnt.

Eine derartige Unvereinbarkeit mit dem unmittelbaren Umfeld ist freilich eher die Ausnahme, da die Postmoderne sich unter dem Eindruck eines wachsenden Bewußtseins von regionalen Faktoren dem »Kontextualismus« verschrieben hat. Die damit verbundene stilistische Anpassung beziehungsweise Traditionsbeschwörung hat jedoch zu höchst unterschiedlichen Ergebnissen geführt, die ebenfalls an Gebäuden von Philip Johnson zu besichtigen sind. Der Versuch, im Chicagoer Wolkenkratzer *190 South LaSalle Street* die reich dekorierten Spitzmansarden des einstmaligen *Masonic Temple* von Burnham & Root wiedererstehen zu lassen, führte zu einem pinkfarbenen Lebkuchenstil, der einzig die verlogene Nostalgie eines falsch verstandenen Revivalismus offenbart. Beim *One International Place*-Projekt in Bostons Finanzdistrikt läuft der Eklektizismus schließlich Amok: Der Zylinder zeigt ein ödes Wiederholungsmuster aus Fenstern in der Manier des italienischen Baumeisters Sebastiano Serbio, eine aufgeklebte Renaissancedekoration aus jeweils einem zentralen Bogenfenster mit zwei kleineren rechteckigen Fenstern auf beiden Seiten (Abb. 100). Das historisierende Design liefert, wie so oft in der Postmoderne, auf Entwürfen und fotografischen Abbildungen ein pittoreskes Muster, während es in der Dreidimensionalität der architektonischen Gestaltung eine papierne Flächigkeit aufweist. Die am Sockel des *One International Place* angebrachten Laternen sind dagegen eine allzu gefällige Reminiszenz an Bostons historisches Zentrum, doch handelt es sich hier gerade um jene Art von Kontextualismus, die sich im Kleinen anbiedert, um das mißlungene Große zu vertuschen.

1982 wurde Philip Johnson beauftragt, für eine Versicherungsgesellschaft eine neue Zentrale in Bostons Back Bay *(Five Hundred Boylston)* zu errichten. Er schlug zwei 25geschossige Türme vor, die an der Spitze durch Brücken verbunden sein sollten. Der Entwurf erinnerte Kritiker an ein Paar Jukeboxes von Wurlitzer aus den dreißiger Jahren (s. Goldberger 1988, S. 31–34). Der öffentliche Protest gegen den Bau war so gewaltig, daß sogar die Gerichte angerufen wurden, um das Projekt zu blockieren. Daraufhin schlug die Boston Redevelopment Authority, der die Gerichtsbarkeit in Bauangelegenheiten untersteht, eine Übereinkunft vor, die zunächst befremdete: Die eine Hälfte des Johnson-Entwurfs wurde genehmigt, während mit dem Bau des Nachbarturms Robert A. M. Stern beauftragt werden sollte. Dies erschien auf den ersten Blick als ein fauler Kompromiß, erwies sich letztlich aber als genialer Schachzug. Denn es entstand ein Dialog der Bauwerke, bei dem zwei Konzepte miteinander wetteifern. Stern hat seinem Lehrer in gewisser Hinsicht den Vortritt gelassen, indem er dessen postmoderner Extravaganz einen Wolkenkratzer von großer Diskretion und Raffinesse gegenüberstellte. Doch die Zurückhaltung zahlte sich insofern aus, als es das bei weitem gelungenere Gebäude ist. Nach einem genauen Studium der Back-Bay-Architektur hat Stern die georgianische Stilepoche nicht sklavisch imitiert, sondern ihren Geist als »kritischer Regionalist« übernommen, indem er rote Ziegel wählte und eine Aura des kühlen, disziplinierten Formalismus schuf. Der rückversetzte Turm steigt gerade hoch und kulminiert in einer zweistöckigen Kolonnade aus Granit, Glas und Ziegel. Den Abschluß bildet ein Stockwerk aus Okuli, über die sich ein leicht geschrägtes Dach erhebt. Während der granitene Johnson-Bau mit dem üblichen Monumentalportal und einem freistehenden Palladio-Bogen die Boylston Street beherrscht (Abb. 101), steht Sterns Wolkenkratzer dazu im rechten Winkel, wendet sich also in Richtung Berkeley Street (Nr. 222).

100   One International Place, Boston   ▷

102 Post Oak Central, Houston

◁ 101 500 Boylston, Boston

Wollte man den erwähnten »Dialog der Bauten« wörtlich nehmen, könnte er wie folgt verlaufen: »Ich bin tausendmal schöner als
du, ein richtiger ›party crasher‹, von auffälliger Einmaligkeit.« Und
die Replik lautete: »Stimmt. Du bist die Sensation des Tages. Aber
bald wird man sich an dir sattgesehen haben, und dann wird es ein
Vorteil für mich sein, daß ich mich halb von dir abwende. Meine
Schönheit ist weniger spektakulär, doch wird sie Bestand haben.«

Die größten Erfolge erzielt die Postmoderne dort, wo sie mit den
Errungenschaften der Moderne an Baustile der zwanziger und dreißiger Jahre anknüpft. Ein Beispiel dafür liefert Cesar Pellis *Norwest
Center* in Minneapolis, ein massiver Schaft aus Sandstein mit seitlich
scheibenförmig abgeflachten Setbacks. Der Turm hat unübersehbar
das *RCA Building* zum Vorbild, doch anstelle sentimentaler Nostalgie gelingt ihm eine durchaus aktuelle Auseinandersetzung mit dem
Romantizismus vergangener Wolkenkratzerarchitektur.

Johnsons *Post Oak Central* (Abb. 102) bezieht sich mit seinen gekurvten Ecken und alternierenden Bändern aus reflektierendem Silberglas und schwarz eloxiertem Aluminium auf das New Yorker *Starrett-Lehigh Building* von 1931, einem Monument des industriellen Modernismus. Kohn Pedersen Fox' *1201 Third Avenue Building* in Seattle schließlich, ein in brasilianischen Goldgranit und türkisfarbenes Glas verkleideter Wolkenkratzer mit Pyramidendach und krönender Laterne, ist ein gelungenes Amalgam aus Klassizismus und luxuriöser Art deco. Dies ist eine für die skandinavisch geprägte Stadt im Nordwesten der USA eher untypische Hommage an New Yorker Flamboyanz, wären da nicht die wunderbar wechselnden Tönungen der Glashaut, die zur Farbe des nahen Puget-Sunds korrelieren (Farbtaf. 14).

In all diesen Bauten erscheint das dekorative Element erfolgreich in die Konstruktion integriert. Am vollkommensten freilich gelingt dies bei Johnsons gläsernem *Transco Building* in Houstons Post-Oak-Gemeinde, der eine im Maßstab vergrößerte Version von John Mead Howells *Panhellenic Hotel* in New York darstellt. Sein würdevolles Profil, das fern von allem Schnickschnack die stolze ›Idee‹ des Wolkenkratzers spiegelt, besitzt eine archetypische Ausstrahlung. Deshalb hätte es gar nicht des protzig monumentalen Rundbogenportals bedurft, und auch der von Johnson angefügte römische Brunnen (Farbtaf. 22) ist wohl eher eine antikisierende Stilübung in der postmodernen Tradition der »Großen Beliebigkeit«.

Die Vielfältigkeit der Codes hat in der Postmoderne nicht nur zu einem stilistischen Pluralismus geführt, der vormals unvereinbare Stile zusammenführt, sondern lädt auch zu einer phantasieaufwendigen Entzifferung der ästhetischen Zeichen ein. Eine Probe aufs Exempel liefert Johnsons ovaler Wolkenkratzer in Manhattans *Third Avenue/53rd Street,* der die quadratische Gitterform mit seinem elliptischen Grundriß aufbricht (Abb. 103). Das Gebäude erfüllt die Funktion eines Rorschach-Tests, indem es in die unterschiedlichsten Assoziationskontexte gestellt werden kann. Seine

103   »The Lipstick«: Third Avenue/53rd Street, New York   ▷

alternierenden Querbänder aus emailliertem und gebranntem Granit von der Farbe »dusty rose« erinnern die einen an die Schichten einer Mokkatorte, die anderen an gestapelte Filmkassetten, den Kamin eines Ozeanriesen oder, von oben gesehen, an ein Wegwerffeuerzeug. Im Volksmund heißt der Bau seit langem »Lippenstift«. Diese bewußte Vieldeutigkeit ist nicht zuletzt eine Antwort auf den Vorsatz der »Box«, nichts anderes als sie selbst sein zu wollen.

Ein New Yorker Großprojekt von fünf Milliarden Dollar, das erstmals seit dem *Rockefeller Center* wieder das Konzept einer in sich homogenen Stadtlandschaft verwirklichte, ist *Battery Park City* – erbaut auf dem Aufschüttungsgelände, das die Aushebungen für das *World Trade Center* am Hudson zurückgelassen hatten. Fast 50 Prozent des Komplexes bestehen aus freier Fläche, unter anderem aus einer langen Uferpromenade und mehreren Grün- und Gartenanlagen.

Cesar Pellis vier Wolkenkratzer des *World Financial Center* (Farbtaf. 25) sind massive Türme von unterschiedlicher Höhe, für deren Synthesecharakter der Begriff des »romantischen Rationalismus« gefunden wurde. Wie man es bei den Bauträgern Dow Jones, dem Aktienhändler Merill Lynch und American Express erwarten kann, sind sie genügend konservativ und im Innern von einem postmodernen Festtagsglanz, doch leugnen sie nicht ihre Zeitgenossenschaft. Die Krönungen stellen noch am direktesten ein Kompendium vergangener Wolkenkratzerstile dar: Jeder Bau besitzt an der Spitze ein anderes Profil – eine Kuppel, eine Pyramide, eine prismatische Zikkurat und eine abgeflachte Pyramide. Die Fassaden sind aus reflektierendem Glas und dünnem Granitfurnier, Materialien, für die Pelli eine verblüffende Aufteilung ganz im Geist der Art deco vorgenommen hat. Der Stein »lichtet« sich bei zunehmender Höhe, das Glas wird spiegeliger, die Scheiben nehmen an Fläche zu (Abb. 104). Dank dieser Korrektur der Fassadenperspektive gewinnen Pellis Gebäude gleichermaßen an Solidität und Leichtigkeit; sie sind fest verankert in der Erde und streben himmelwärts.

104 World Financial Center, New York ▷

Tendenzentwicklungen in der Architektur lassen sich immer erst mit der Zeitverschiebung zwischen Planungsvorlauf und Realisation voraussagen. Während zu Beginn der neunziger Jahre noch immer gemäßigt postmoderne Wolkenkratzer in die Höhe wuchsen, zunehmend als Imitate von Imitaten, wurden bereits im Sommer 1988 in einer Ausstellung des Museum of Modern Art, wiederum in Anwesenheit von Philip Johnson, der Tod der Postmoderne und die Heraufkunft des Dekonstruktivismus als »zweiter Moderne« proklamiert. Während jedoch die klassische Moderne noch einem harmonischen Ganzheitsbegriff und der utopischen Idee einer reinen Konstruktion folgte, akzeptiert der Dekonstruktivismus mit seinen schiefen Ebenen, unhierarchischen Aufteilungen und rohen Materialien die Unvollkommenheit der Welt. Tom Wolfe nennt ihn »das explodierte Bauhaus« (in Süddeutsche Zeitung Magazin, 15. 06. 90, S. 30). Noch bleibt unklar, wie ein auf Perfektion angelegter Bautyp wie der Wolkenkratzer von einer Ästhetik der Zerrissenheit profitieren kann. Eine erste Ahnung kann die Krone von Pellis *Yerba Buena* in San Franciscos Market Street vermitteln, die in Zusammenarbeit mit dem Bildhauer Siah Armajani entstand und ein gekrümmtes Gitterwerk aus flexiblen Elementen darstellt, die sich zu einer verformten Tiara zusammenfügen.

Europäische Entwicklung und Ausblick

Die Feststellung, daß spätestens seit den sechziger Jahren fast in allen Metropolen der Welt Wolkenkratzer aus dem Boden schossen, sagt noch nichts über die Entwicklung spezifisch nationaler Hochhauskulturen aus. Denn oft sind es nur phantasielose Importe amerikanischer Vorbilder, die eine monotone Skyline aus hochgestellten Schachteln ergeben. Ob an der Avenida Paulista in São Paulo, ob an den Ausfallstraßen von Mexico City oder in den Innenstädten von Kuala Lumpur bis Toronto: überall entsteht eine mehr oder weniger monströse Hochhauslandschaft, deren »Modernität« eine weitgehend geborgte ist. Mit dem *Carlton Center* in Johannesburg oder dem Gebäude der *National Commercial Bank* in Dschidda (Saudi-Arabien) haben Skidmore, Owings und Merrill ihr unbestreitbares Know-how für Wolkenkratzer zur Verfügung gestellt und wollten Signale westlichen Fortschritts aussenden. Ein beachtenswertes Kuriosum stellt Shibam in Südjemen dar. Sie gilt als älteste »Wolkenkratzerstadt« der Welt mit etwa 500 bis zu 30 Meter hohen Holzhäusern, die bis ins 15. Jahrhundert zurückreichen und aus gestampftem Lehm und unbearbeitetem Holz gefertigt sind.

Der vermutlich zukunftsweisendste, kühnste, in der technischen Umsetzung avancierteste Wolkenkratzer, der in den achtziger Jahren entstand, ist Norman Fosters *Hongkong & Shanghai Bank* (Abb. 105) im extrem dicht besiedelten Geschäftsbereich von Hongkong. Schon sein Bau erinnerte stark an die computergesteuerte Montage einer Rakete, bei der die aus aller Welt gelieferten Fertigteile zusammengefügt werden. Und so wie einst die frühen Chicagoer Architekten die Ingenieurleistungen von Aquädukten, Kornspeichern und Glaspalästen studiert hatten, nahm Foster die Hängebrückenkonstruktion zum Vorbild, was eine innere Stützkonstruktion überflüssig machte. Das Gebäude besteht aus mit Schrägtrossen ausgesteiften seitlichen Stützmasten, an die die Stockwerke, von Foster auch »Dörfer« genannt, gehängt sind. Dieser Ansatz des Montagegestells erlaubt eine ungewöhnliche Flexibilität der Raum- und Funktionsaufteilung und offenbart dem Betrachter, der dafür empfänglich ist, eine durch hochtechnische Gestaltungsprinzipien erzielte archaische Ästhetik von Transparenz und Klarheit. Wenn I. M. Peis 315 Meter hohe *Bank of China*, als der höchste Wolkenkratzer außerhalb der USA, mit seinen aufeinandergestapelten gläsernen Dreiecken vollendet sein wird, werden die aufregendsten Wolkenkratzer der Gegenwart in Asien zu besichtigen sein.

Die Entwicklung der Hochhausarchitektur in Europa läßt sich in einem Paradox zusammenfassen: Nirgendwo sonst außerhalb der USA gab es zu einem solch frühen Zeitpunkt vergleichsweise engagiert-kontroverse Diskussionen über Stil und Funktion des Hochhauses, und nirgendwo sonst gab es so experimentelle Entwürfe – von Antonio Sant'Elias futuristischen »Hausmaschinen«, Auguste Perrets und Le Corbusiers utopischen Wolkenkratzerstädten über

Mies' »Wabe« bis hin zu dem 1924 von El Lissitzky und Mart Stam projektierten Wolkenkratzergürtel um Moskau sowie den vielfältigen »Ideenwettbewerben« in Deutschland. Doch fast alles blieb unrealisiert, sei es, weil es an Mut und Geld fehlte, sei es, daß die politischen Konstellationen keine Avantgarde-Experimente erlaubten. Eine ganz zentrale Rolle spielte auch die »Amerikanismus«-Debatte, wobei man sich zwar von der Dynamik amerikanischer Großstädte fasziniert zeigte, letztlich aber doch darin übereinstimmte, daß die amerikanische Lösung der konzentrierten Hochhausstadt den spezifisch europäischen Traditionen der Stadtentwicklung zuwiderlief.

Während der Wolkenkratzer in der Sowjetunion unter Stalin als Symbol kapitalistischer Gewinngier gebrandmarkt wurde und mit L. W. Rudnews 240 Meter hoher und 450 Meter breiter Lomonossow-Universität in Moskau Anfang der fünfziger Jahre ein Gebäude entstand, dessen Turm viel eher an das alte Waldorf Astoria als an die russischen Konstruktivisten gemahnt, war im nationalsozialistischen Deutschland die Idee eines germanischen Turmhochhauses keineswegs erloschen. So wurden auf Anordnung Hitlers 1937 Planungen für einen 250 Meter hohen Wolkenkratzer (»Gauhaus«) am Hamburger Elbufer aufgenommen, wobei die Entwurfsprüfungen die »verhaltene Moderne« des Projekts von Konstanty Gutschow favorisierten (s. Frank o. J.). Erst der Krieg vereitelte den Monumentalbau, der ein Stück systemkonformen Amerikanismus am »Tor zur Welt« hätte darstellen können.

Nach 1945 setzte zwar in vielen europäischen Ländern eine rege Entwicklung des Hochhausbaus ein, doch wagte man sich nur selten in die maßstabsprengenden Dimensionen der Wolkenkratzer von Chicago und New York. Der 1957 in Mailand entstandene *Torre Velasca* mit seiner auffällig auskragenden und zinnenbekrönten Spitze oder das *Pirelli-Zentrum* beim Mailänder Bahnhof mit seinem lentikularen (linsenförmigen) Grundriß; der *Torre Picasso* in Madrid, das *Plaza Hotel* in Hamburg oder die *Shell* und *Hilton Towers* in London, *BfG, Deutsche Bank* und *Dresdner Bank* in Frankfurt

105 Hongkong & Shanghai Bank, Hongkong ▷

oder die gläserne *Tour Montparnasse*, die *Porte Maillot* und *La Défense* in Paris – sie alle stoßen in Größenordnungen vor, die bei ihrer Entstehung nicht selten einen Sturm der Entrüstung angesichts ihrer »inhumanen Gigantomanie« und der mit ihnen verbundenen »Manhattanisierung« entfachten. Und doch würden sie in der zerklüfteten Wolkenkratzerlandschaft Manhattans als konventionell mittelgroße bis kleine Solitäre kaum weiter auffallen.

Einen bemerkenswerten Ausbruch aus den vielfachen Variationen amerikanischer Modellvorgaben stellt Richard Rogers *Lloyd's Building* (1986) in London dar, ein von Prinz Charles befehdetes Gebäude, das die in ihm angelegten technologischen Errungenschaften stolz nach außen trägt und flexibel auf künftige Funktionsänderungen antworten kann (Farbtaf. 20). Den Architekten des *Centre Georges Pompidou* für einen Bau der weltbekanntesten Versicherungsgesellschaft auszuwählen, war sicherlich ein Risiko, doch gab ein Verantwortlicher bei Lloyd's die passende Antwort: »Wir betreiben ein Risikogeschäft, warum sollten wir also nicht noch ein Wagnis mehr eingehen?« Der Glas- und Stahlbau, der ein 76 Meter hohes Atrium umschließt, wird von drei Servicetürmen flankiert, deren massive rostbraune Stahlboxen die Einrichtungen für Klimaanlagen enthalten. Die Spitze bilden jeweils leuchtendblaue Servicekrane, die, wie auch die metallenen »Kamine«, die Verstrebungen und Rohrleitungen nicht verstecken, sondern als funktionale Bestandteile der ästhetischen Gesamtstruktur vorgezeigt werden. Diese selbstbewußte High-Tech-Demonstration mag manchen Betrachtern als keine besonders anheimelnde Architektur erscheinen, doch ist sie eine ernsthafte Alternative zu falschem Palladio und dem ewiggleichen Kubus.

Erst gegen Ende der achtziger Jahre hat die amerikanische Tendenz, immer neue Rekordmarken zu setzen, auch Europa eingeholt. Es ist symptomatisch, daß für die ersten Bauten einer neuen Wolkenkratzergeneration Architekten gewonnen wurden, die in den USA bereits beträchtliche Reputation genossen und in ihren Entwürfen auf bewährte Schemata einer gediegenen postmodernen Bauweise setzen konnten. So entsteht etwa in *Canary Wharf* in den Londoner Docklands ein 249 Meter hoher Stahlobelisk von Cesar Pelli, der den

Rekord der *NatWest* (183 Meter) einstellen wird. Der in Franken geborene, erfolgreich in Chicago wirkende Helmut Jahn hat mit dem Frankfurter *Messeturm* (256,5 Meter bei 70 Geschossen) das höchste Haus Europas mit einer Bürofläche von 63 000 Quadratmetern entworfen. Jahns Turm ist ein quadratischer Schaft mit Fassadenelementen aus geflammtem und poliertem Granit sowie Aluminium und Glas, der in seinen pastellenen Tönungen nach dem Willen des Architekten eine Verbindung zum roten Sandstein von Römer und Dom herstellen soll. Vier Pfeiler, die »Elephantenfüße«, bilden den Sockel des Turms, der mit einer zehn Meter hohen und zwölf Tonnen schweren Glaspyramide endet. Wie in vielen amerikanischen Bauten der achtziger Jahre dominieren kühl kalkulierte Anklänge an die zwanziger Jahre, während die Bauweise selbst modernsten Standards gehorcht. Gleichsam am Rückgrat des Wolkenkratzers wurde in Gleitbautechnik ein achteckiger Betonkern mit einer Gleitverschalung hydraulisch Tag für Tag über einen Meter nach oben geschoben. An diesem Kern, der den gesamten Servicebereich enthält (Lifts, Leitungen, Rohre, Klimaanlagen und so weiter), sind dann die eigentlichen Etagen nur noch »angehängt« worden – ein Unternehmen, das 60 000 Tonnen Beton und 10 000 Tonnen Stahl verschlungen hat.

Ein Braunschweiger Architektenbüro unter Leitung von Helmut Joos hat inzwischen Pläne für einen 268 Meter hohen Campanile aus Stahl eingereicht, während Kohn Pedersen Fox am Platz der Republik für die DG-Bank eine 200-Meter-Säule mit auskragendem Kapitell vorschlägt.

Zu Beginn des neuen Jahrtausends wird die deutsche Finanzmetropole eine innerstädtische Verdichtung aufweisen, die sich mit der amerikanischer Zentren messen kann. Erst dann werden aber auch die Folgen jener Wolkenkratzer-Euphorie abschätzbar sein, die nun auch Europa und in zum Teil grotesken Ausmaß die Main-Metropole erfaßt hat. Frankfurt hat seinen festen Platz im emotionslosen Marketing-Kalkül der Bauherren und ihrer Hochglanzbroschüren. Die Bauten selbst sind Überlistungen der Geschichte, vor allem der Baugeschichte, behaupten sie doch einen Mangel an Alternativen zur restaurierten Kulissenstadt des »Alt-Frankfurt« und den Monumentalkulissen einer »echten Weltstadt«.

In den Vereinigten Staaten mehren sich jedenfalls die Stimmen, die die angeblichen Bauwerke der Zukunft schon heute als Relikte einer blenderischen Design- und Image-Kultur vorhersagen. Die erbitterten Kontroversen um das *Times-Square*-Projekt von Johnson/Burgee, vier bunten Bauklötzen mit gläsernen Mansardendächern, waren dafür ein erstes Indiz.

In Franz Kafkas »Das Stadtwappen« von 1920 findet sich folgende Prophetie: »Man argumentierte nämlich so: Das Wesentliche des ganzen Unternehmens ist der Gedanke, einen bis in den Himmel reichenden Turm zu bauen. Neben diesem Gedanken ist alles andere nebensächlich. Der Gedanke, einmal in seiner Größe gefaßt, kann nicht mehr verschwinden; solange es Menschen gibt, wird auch der starke Wunsch da sein, den Turm zu Ende zu bauen.«

In Tokio, Houston und Chicago werden bereits Pläne für solch ultrahohe Bauwerke entworfen, die Stratosphärenkratzer heißen würden, nachdem die Grenzen des Himmels bei ein bis zwei Kilometer hochragenden Bauten zumindest dem Seheindruck entzogen wären. Dies ergäbe dann architektonische Mount Everests, deren Grundfläche sich exponentiell vergrößern müßte und deren Baukosten ab dem 100. Geschoß ins Unermeßliche explodieren würden; denn es müßten komplizierte Druck- und Klimasysteme installiert werden. Da in den Decken und Böden zudem weit mehr Platz für elektronische Ausrüstung als noch vor zehn Jahren benötigt wird, wüchse notwendigerweise auch die Geschoßhöhe von einst 3,50 Metern auf fünf Meter an. Für die kegelförmige »Sky City 1000« in Tokio sind eine Bauzeit von 14 Jahren und Kosten von umgerechnet 67 Milliarden Mark veranschlagt.

Letztlich wird über architektonische Mammutprojekte auch künftig nicht entscheiden, ob sie realisierbar oder aus städtebaulicher und ästhetischer Sicht auch nur wünschbar sind. Vielmehr wird die Frage den Ausschlag geben, ob der Imagegewinn überhaupt noch lohnt, wenn vier Gebäude mit gleich großer Geschoßfläche um ein Vielfaches weniger kosten. Vielleicht verhindern ausgerechnet Rentabilitätserwägungen, die einst für das Entstehen von Bürohochhäusern verantwortlich waren, daß sich ein hybrider, letztlich städtefeindlicher Monumentalismus durchsetzt.

106   Two Twenty Two Berkeley, Boston

Manhattan

Central Park

59th St

55th St

50th St

Rockefeller Center

42nd St

Grand Central Terminal

Times Square

U.N.

34th St

30th St

Penn Station

Broadway

Broadway

23rd St

Eighth Avenue

Seventh Avenue

Avenue of the Americas

Fifth Avenue

Madison Avenue

Park Avenue

Lexington Avenue

Third Avenue

Second Avenue

First Avenue

New York: Midtown Manhattan

1 Fuller Building (Walker & Gillette) 1929
2 Trump Tower (Swanke Hayden Connell) 1984
3 IBM Building (E. L. Barnes) 1983
4 AT & T Building (Johnson/Burgee) 1984
5 Heron Tower (Kohn Pedersen Fox) 1987
6 CBS Building (Eero Saarinen) 1965
7 Lever House (SOM/Bunshaft) 1952
8 The Museum of Modern Art (Pelli) 1984
9 Seagram Building (Mies van der Rohe/Johnson) 1958
10 Citicorp Center (Stubbins) 1977
11 »Lipstick«: Third Avenue/53rd Street (Johnson/Burgee) 1986
12 Worldwide Plaza (SOM/Childs) 1989
13 RCA Building/Rockefeller Center (Hood u. a.)
14 Panhellenic Hotel (Howells) 1928
15 Fred F. French Building (Sloan & Robertson) 1927
16 Pan Am Building (Roth/Belluschi/Gropius) 1963
17 UN Plaza (Roche/Dinkeloo) 1976
18 UN Secretariat Building (Harrison u. a.) 1952
19 Paramount Building (Rapp & Rapp) 1927
20 McGraw-Hill Building (Hood, Godley & Fouilhoux) 1931
21 Philip Morris Building (Franzen) 1983
22 Chanin Building (Sloan & Robertson) 1929
23 Chrysler Building (Van Alen) 1930
24 Daily News Building (Howells & Hood) 1930
25 Ford Foundation (Roche/Dinkeloo) 1968
26 American Radiator Building (Hood & Fouilhoux) 1924
27 The Empire State Building (Shreve, Lamb & Harmon) 1931
28 Two Park Avenue (Kahn) 1927
29 Flatiron Building (Burnham) 1902
30 Metropolitan Life Tower (LeBrun) 1909

Sehenswerte Wolkenkratzer im Süden Manhattans:
Bayard Building (Sullivan) 1898, 65 Bleecker Street
Woolworth Building (Gilbert) 1913, 233 Broadway
The World Trade Center (Yamasaki) 1970–77, zwischen Church, Vesey, West und Liberty Streets
Barclay-Vesey Building (Walker) 1926, 140 West Street
One Chase Manhattan Plaza (SOM/Bunshaft) 1960, zwischen Nassau, William, Liberty und Pine Streets
Equitable Life Building (Graham) 1915, 120 Broadway
One Wall Street (Walker) 1932
40 Wall Street (Severance/Matsui) 1929
J. P. Morgan Headquarters (Roche/Dinkeloo) 1988, 60 Wall Street

Chicago, Central Area

Chicago-Plan: Central Area
1   860–880 North Lake Shore Drive Apartments (Mies van der Rohe) 1952
2   900 North Michigan Avenue (Kohn Pedersen Fox) 1988
3   John Hancock Center (SOM) 1969
4   Chicago Tribune Tower (Hood/Howells) 1925
5   Wrigley Building (Graham, Anderson, Probst & White) 1921–24
6   Equitable Building (SOM) 1965
7   Marina City (B. Goldberg) 1964–67
8   IBM Building (Mies van der Rohe/C. F. Murphy Ass.) 1971
9   Stone Container Building (A. S. Alschuler) 1923
10 333 North Michigan Avenue (Holabird & Roche) 1928
11 Carbide and Carbon Building (Burnham Brothers) 1929
12 State of Illinois Center (Murphy/Jahn)   1985
13 Lake Point Tower (Schipporeit-Heinrich Ass. et al.) 1968
14 333 Wacker Drive (Kohn Pederson Fox) 1984
15 Standard Oil Building (E. D. Stone) 1974
16 Richard J. Daley Center (C. F. Murphy Ass.) 1965
17 Brunswick Building (SOM) 1965
18 Northwestern Terminal (Murphy/Jahn)
19 Reliance Building (D. H. Burnham) 1895

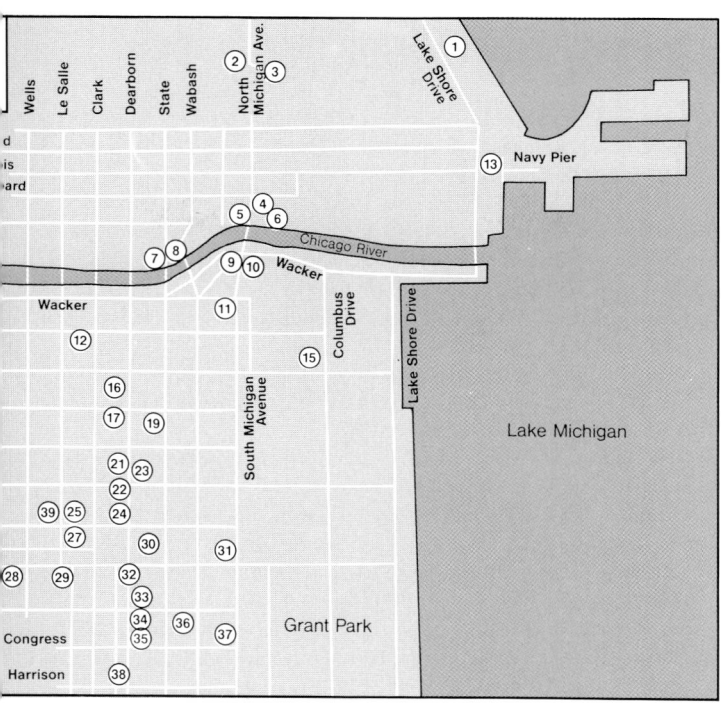

20 One South Wacker (Murphy/Jahn)
21 First National Bank Building (C. F. Murphy Ass. and Perkins and Will) 1969
22 Xerox Centre (Murphy/Jahn) 1980
23 Inland Steel Building (SOM) 1957
24 Marquette Building (Holabird & Roche) 1894
25 LaSalle National Bank Building (Graham, Anderson, Probst & White) 1934
26 Sears Tower (SOM) 1974
27 Rookery (Burnham & Root) 1886
28 Brooks Building (Holabird & Roche) 1910
29 Chicago Board of Trade Building (Holabird & Root) 1930
30 Federal Center (Mies van der Rohe) 1964
31 Railway Exchange Building (D. H. Burnham)   1904
32 Monadnock Building (Burnham & Root; Holabird & Roche) 1891
33 Fisher Building (D. H. Burnham) 1896
34 Old Colony Building (Holabird & Roche) 1894
35 Manhattan Building (LeBaron Jenney) 1890
36 Second Leiter Building (LeBaron Jenney/Mundie) 1891
37 Auditorium Building (Adler & Sullivan) 1889
38 Pontiac Building (Holabird & Roche) 1891
39 190 South LaSalle Street (Johnson/Burgee) 1989

Auswahlbibliographie

Adam, Andreas: Skyline. In: Archithese 17/1976, S. 4–14.

Agrest, Diana: Architectural Anagrams: The Symbolic Performance of Skyscrapers. In: Oppositions 11/1977. S. 26–51

Architektur von Skidmore, Owings & Merrill, 1950–1962. Stuttgart 1962

Architektur von Skidmore, Owings & Merrill, 1963–1973. Stuttgart 1974

Attoe, Wayne: Skylines. Understanding and Molding Urban Silhouettes. Chichester/New York/Brisbane/Toronto 1981

Bach, Ira J. (Hrsg.): Chicago's Famous Buildings. Chicago/London 1965, [3]1980

Balfour, Alan: Rockefeller Center. Architecture as Theater. New York 1978

Bartels, Till (Hrsg.): Reise Textbuch New York. New York 1989

Baudrillard, Jean: Amerika. München 1987

Bender, Thomas/Taylor, William R.: Culture and Architecture: Some Aesthetic Tensions in the Shaping of Modern New York City. In: Sharpe, William/Wallock, Leonard (Hrsg.): Visions of the Modern City. Baltimore/London 1987. S. 189–219

Blake, Peter: Form Follows Fiasco: Why Modern Architecture Hasn't Worked. Boston 1977

Blaser, Werner: Mies van der Rohe. Lehre und Schule. Basel/Stuttgart 1977

Bonta, Juan Pablo: Architecture and Its Interpretation: A Study of Expressive Systems in Architecture. London 1979

Bourget, Paul: Outre Mer. Notes sur l'Amerique. Paris 1895

Bradbury, Malcolm/McFarlane, James (Hrsg.): Modernism 1890–1930. London 1976, [6]1986.

Bragdon, Claude: The Frozen Fountain: Being Essays on Architecture and the Art of Design in Space. New York 1932

Brook, Stephen: New York Days, New York Nights. London 1985

Brownlee, David B.: Wolkenkratzerarchitektur für das amerikanische Maschinenzeitalter. In: Archithese 20/1976. S. 35–41

Casari, Maurizio/Pavan, Vincenzo (Hrsg.): New Chicago Architecture. Beyond the International Style. Ausstellungskatalog. New York 1981

Cheney, Sheldon: The New World Architecture. London 1930

Condit, Carl W.: Chicago 1930–1970. Building, Planning, and Urban Technology. Chicago/London 1974

Condit, Carl W.: The Chicago School of Architecture. A History of Commercial and Public Building in the Chicago Area, 1875–1925. Chicago/London 1964. – Revidierte und erweiterte Ausgabe von: The Rise of the Skyscraper. Chicago/London 1952

Conrad, Peter: The Art of the City. Views and Versions of New York. New York 1984

Czaplicka, John: Amerikabilder and the German Discourse on Modern Civilization, 1890–1925. In: Envisioning America. Harvard 1990. S. 37–61

DeLong, David G./Searing, Helen/Stern, Robert A. M.: American Architecture: Innovation and Tradition. New York 1986

Diamonstein, Barbaralee: American Architecture Now. New York 1980

Drexler, Arthur: Transformations in Modern Architecture. New York 1979

Ellis, William S.: Skyscrapers: Above the Crowd. In: National Geographic. 175/1989. S. 143–173

Ferriss, Hugh: The Metropolis of Tomorrow. New York 1929

Frank, Hartmut: Wolkenkratzer für den ›Führer‹. Anmerkungen zur Hochhausdiskussion im Dritten Reich. Manuskript o. J. 17 Seiten

Friedman, Mildred (Hrsg.): Skyscraper View. Design Quarterly 140/1988

Giedion, Sigfried: Space, Time and Architecture: The Growth of a New Tradition. Cambridge (Mass.) 1954

Gill, Brendan: The Sky Line. The Malady of Gigantism. In: The New Yorker, 9. 1. 1989. S. 7

Goldberger, Paul: On the Rise. Architecture and Design in a Postmodern Age. Times Books 1983. Penguin 1985

Goldberger, Paul: The City Observed: New York. A Guide to the Architecture of Manhattan. New York 1979

Goldberger, Paul: The Skyscraper. New York 1981. – Dt. Übs.: Wolkenkratzer. Das Hochhaus in Geschichte und Gegenwart. Stuttgart 1984

Goldberger, Paul: A Tale of Two Towers on Boston's Boylston Street. In: The New York Times. 24. 1. 1988. Section H, S. 31–34

Goldman, Jonathan: The Empire State Building Book. New York 1980

Gottman, Jean: Why the Skyscraper? In: Geographical Review 56/1966. S. 190–212

Grube, Oswald W. et al. (Bearb.): 100 Jahre Architektur in Chicago. Kontinuität von Struktur und Form. München 1973. Ausstellungskatalog

Haagsma, Ids/de Haan, Hilde: Architekten-Wettbewerbe. Stuttgart 1988

Handlin, David P.: American Architecture. London 1985

Harvey, David: The Condition of Postmodernity. Oxford 1989

Hayden, Dolores: Skyscraper Seduction – Skyscraper Rape. In: Heresies 2/1977. S. 108–115

Heinle, Erwin/Leonhardt, Fritz: Türme aller Zeiten – aller Kulturen. Stuttgart 1988

Heyer, Paul: Architects on Architecture. New Directions in America. London 1967

Hitchcock, Henry-Russell/Drexler, Arthur: Built in USA: Post-war Architecture. New York 1952

Hitchcock, Henry-Russell/Johnson, Philip: The International Style. New York 1932. (Repr. 1966). – Dt. Übs.: Der Internationale Stil. Braunschweig/Wiesbaden 1985

Hoffman, Donald: The Architecture of John Wellborn Root. Baltimore 1973

Homberger, Eric: Chicago and New York: Two Versions of Modern Americanism. In: Bradbury, Malcolm/McFarlane, James (Hrsg.): Modernism 1890–1930. . . . 1976. 6 1986. S. 151–161

Huxtable, Ada Louise: Architecture, Anyone? Cautionary Tales of the Building Art. Berkeley/Los Angeles 1986

Huxtable, Ada Louise: Kicked a Building Lately? New York 1976. (Repr. 1978)

Huxtable, Ada Louise: The Tall Building Artistically Reconsidered: The Search for a Skyscraper Style. Pantheon 1982. – Dt. Übs.: Zeit für Wolkenkratzer oder die Kunst, Hochhäuser zu bauen. Berlin 1986

Huyssen, Andreas/Scherpe, Klaus R. (Hrsg.): Postmoderne – zur Logik der Kultur im Spätkapitalismus. Reinbek 1986

Ickstadt, Heinz: Kommunikationsmüll und Sprachcollage. Die Stadt in der amerikanischen Fiktion der Postmoderne. In: Scherpe, Klaus R. (Hrsg.): Die Unwirklichkeit der Städte. Reinbek 1988. S. 197–224

Irace, Fulvio: La città che sale. I nuovi grattacieli americani. Mailand 1988

James, Theodore Jr.: The Empire State Building. New York etc. 1975

Jameson, Fredric: Postmoderne – zur Logik der Kultur im Spätkapitalismus. In: Huyssen, Andreas/Scherpe, Klaus R. (Hrsg.): Postmoderne. Reinbek 1986

Jaye, Michael/Watts, Ann C. (Hrsg.): Literature and the Urban Experience. New Brunswick (N. J.) 1981.

Jencks, Charles: The Language of Post-Modern Architecture. London 1977. – Deutsche Übersetzung: Die Sprache der postmodernen Architektur. Stuttgart 1978

Jencks, Charles: Late – Modern Architekture. London 1980. Dt. Übers.: Spätmoderne Architektur, Stuttgart 1981.

Jencks, Charles: Skyscrapers – Skypickers – Skycities. London 1980

Jencks, Charles: Current Architecture. London 1982

Johnson, Philip: Writings. London 1979. – Dt. Übs.: Texte zur Architektur. Stuttgart 1982

Jordy, William H.: American Buildings and Their Architects. The Impact of European Modernism in the Mid-Twentieth Century. Garden City (N. Y.) 1972. ²1976

King, Moses (comp.): King's Views of New York 1896–1915 and Brooklyn 1905. Boston 1905. (Repr. New York 1980)

Klotz, Heinrich: Moderne und Postmoderne. Architektur der Gegenwart 1960–1980. Braunschweig/Wiesbaden [2]1985

Klotz, Heinrich (Hrsg.) (in Zusammenarbeit mit Luminita Sabau): New York Architektur 1970–1980. München 1989. Ausstellungskatalog.

Klotz, Heinrich (Hrsg.): Die Revision der Moderne. Postmoderne Architektur 1960–1980. München 1984

Koolhaas, Rem: Delirious New York. A Retroactive Manifesto for Manhattan. London/New York 1978

Kreutzer, Eberhard: New York in der Gegenwartsliteratur: Bilder der entwirklichten Vertikalen. In: Friedrich Knilli/Michael Nerlich (Hrsg.): Medium Metropole. Berlin, Paris, New York. Heidelberg 1986. S. 125–142

Kultermann, Udo: Der Schlüssel zur Architektur von heute. Wien/Düsseldorf 1983

Leeuwen, Thomas A. P. van: The Skyward Trend of Thought. The Metaphysics of the American Skyscraper. Cambridge, Mass., 1988

Lisle, Forrest F.: ›Chicago's Century of Progress‹ Exposition: The Moderne as Democratic, Popular Culture. In: Society of Architectural Historians Journal. 31. October 3, 1973

Lodge, David: Small World. London 1985

Loth, David: The City Within a City: The Romance of Rockefeller Center. New York 1966

Lowe, David: Lost Chicago. New York 1985

Mackay, Donald A.: The Building of Manhattan. How Manhattan was Built Overground and Underground from the Dutch Settlers to the Skyscraper. New York 1987

Meßler, Norbert: The Art Deco Skyscraper in New York. Frankfurt/Bern 1983

Meßler, Norbert: Architecture and Popular Art: The American Skyscraper. In: anglistik & englischunterricht 25. Heidelberg 1985. S. 63–79

Miller, Nory: Johnson/Burgee: Architecture. London 1980

Mujica, Francisco: History of the Skyscraper. New York 1930. (Repr. New York 1977)

Mumford, Lewis: The Urban Prospect. New York 1968

Neutra, Richard: Wie baut Amerika? Stuttgart 1927

Oechslin, Werner: Apotheose einer monumentalen Architektur. In: Architese 18/1976. S. 13–22

Oechslin, Werner: Skyscraper und Amerikanismus. Mythos zwischen Europa und Amerika. In: Architese 20/1976. S. 4–12

Peisch, Mark L.: The Chicago School of Architecture. Early Followers of Sullivan and Wright. London 1969

Prigge, Walter/Herterich, Frank: Skyline: Zeichen der Stadt. Moderner und Postmoderner Städtebau. In: Scherpe, Klaus R. (Hrsg.): Die Unwirklichkeit der Städte. Reinbek b. Hamburg, 1988. S. 304–324

Rapisarda, Giusi: Die Stadt und ihr Doppelgänger: von ›Metropolis‹ zu ›King Kong‹. In: Archithese 17/1976. S. 29–36

Reynolds, John B. (comp.): Chrysler Building, 42nd to 43rd Streets, Lexington Avenue, New York City, »The World's Tallest Building«. New York 1930

Robinson, Cervin/Bletter, Rosemarie Haag: Skyscraper Style. Art Déco in New York. New York 1975

Ronner, Heinz: Skyscraper: à propos Oekonomie. In: Archithese 18/1976. S. 44–50

Ruchelman, Leonard Isidore: The World Trade Center. Politics and Policies of Skyscraper Development. Syracuse U. P. 1977

Sabbagh, Karl: Skyscraper. The Making of a Building. London 1989

Saliga, Pauline (Hrsg.): The Sky's the Limit. A Century of Chicago Skyscrapers. New York 1990

Scherpe, Klaus R. (Hrsg.): Die Unwirklichkeit der Städte. Reinbek 1988

Schneller, Wolfgang: High-Rise Building Structures. New York 1977

Schwarz, Hans-Peter: Architektur als Zitat-Pop? Zur Vorgeschichte der postmodernen Architektur. In: Kemper, Peter (Hrsg.): ›Postmoderne‹ oder Der Kampf um die Zukunft. Frankfurt/M. 1988. S. 253–274

Schwarz, Rolf D.: New Yorker Spiegelbilder. Mit einer Reportage von Manfred Sack. Dortmund 1987

Scully, Vincent: American Architecture and Urbanism. New York 1969

Smith, C. Ray: Supermannerism: New Attitudes in Post-Modern Architecture. New York 1977

Spaeth, David: Ludwig Mies van der Rohe: Ein biographischer Abriß. In: Schwarz, Hans-Peter (Red.): Mies van der Rohe. Vorbild und Vermächtnis. Frankfurt a. M./Stuttgart 1986. S. 13–32

Starrett, William A.: Skyscrapers and the Men Who Build Them. New York/London 1928

Stern, Robert A. M.: New Directions in American Architecture. New York 1969. ²1977

Stern, Robert A. M./Gilmartin, Gregory/Mesrengale, John Montague: New York 1900. Metropolitan Architecture and Urbanism 1890–1915. New York 1983. ²1987

Stern, Robert A. M. u.a.: New York 1930. Architecture and Urbanism Between the Two World Wars. New York 1987

Stöhr, Karl Fritz: Die amerikanischen Turmbauten, die Gründe ihrer Entstehung, ihre Finanzierung, Konstruktion und Rentabilität. München/Berlin 1921

Sullivan, Louis H.: The Autobiography of an Idea. New York 1924. (Repr. 1956)

Sullivan, Louis H.: Kindergarten Chats and Other Writings. New York 1947

Tafuri, Mandredo: The Disenchanted Mountain: The Skyscraper and the City. In: Tafuri, Manfredo u. a. (Hrsg.): The American City. From the Civil War to the New Deal. Cambridge (Mass.) 1979. S. 390–528

Tafuri, Manfredo: ›Neu-Babylon‹: das New York der Zwanzigerjahre und die Suche nach dem Amerikanismus. In: Archithese 20/1976. S. 12–24

Thomsen, Christian W.: Zum Literarischen in der postmodernen Architektur. In: Holländer, Hans/Thomsen, Christian W. (Hrsg.): Besichtigung der Moderne: Bildende Kunst, Architektur, Musik, Literatur, Religion. Aspekte und Perspektiven. Köln 1987. S. 249–276

Tigerman, Stanley: Chicago Tribune Tower Competition for a New Administration Building for the Chicago Tribune MCMXXII. New York 1980. ²1981

Tunnard, Christopher/Reed, Henry Hope: The American Skyline. The Growth and Form of Our Cities and Towns. New York 1953. ²1956

Venturi, Robert: Complexity and Contradiction in Architecture. New York 1966

Venturi, Robert/Scott Brown, Denise/Jzenour, Steven: Lernen von Las Vegas: Zur Ikonographie und Architektursymbolik der Geschäftsstadt. Braunschweig 1979

Vlack, Don: Art Déco Architecture in New York, 1920–1940. New York 1974

Washburn, Frank (Einl.): Riesenbauten Amerikas. Zürich/Leipzig 1930

Weigel, Sigrid: Traum – Stadt – Frau. In: Scherpe, Klaus R. (Hrsg.): Die Unwirklichkeit der Städte. Reinbek 1988, S. 173–196

Weisman, Winston: A New View of Skyscraper History. In: Kaufmann, E. (Hrsg.): The Rise of an American Architecture. London 1970. S. 115–160

Widman, Carlos: Die neue Steinzeit. In: New York. Merian 11/1987. S. 22–35

White, Norval/Willensky, Elliot (Hrsg.): AIA Guide to New York City. New York 1967

White, Norval: New York. A Physical History. New York 1987

Wolfe, Tom: From Bauhaus to Our House. New York 1981

Wolkenkratzer für Frankfurt. Darmstadt 1988

Zimmermann, Florian (Hrsg.): Der Schrei nach dem Turmhaus. Der Ideen-

wettbewerb Hochhaus am Bahnhof Friedrichstraße Berlin 1921/22. Ausstellungskatalog Berlin 1988

Zukowsky, John/Van Zanten, David/Krinsky, Carol H.: Chicago and New
York: Architectural Interactions. Chicago 1984

Zukowsky, John (Hrsg.): Chicago Architektur 1872–1922. Die Entstehung
der kosmopolitischen Architektur des 20. Jahrhunderts. Ausstellungskatalog München 1987

Abbildungsnachweis

American Institute of Architects Foundation, New York   53

The Art Institute of Chicago   19, 25, 31, 35, 36, 38, 41, 42, 43, 51, 52, 55,
61, 63, 64, 68, 76

B · A · T Cigarettenfabriken GmbH, Hamburg   18

Andreas Birkholz, Seattle   Farbtaf. 14

Claude Bragdon, *The Frozen Fountain,* Freeport, N.Y. 1970   28, 66

Cooper-Hewitt Museum, New York   60

The Empire State Building Book, New York 1980   17

Paul Goldberger, *Wolkenkratzer,* Stuttgart 1984   67

Verlag Gerd Hatje, Stuttgart   62

Hedrich Blessing, Chicago   79

Thorsten Herbig, Hamburg   44, 65; Farbtaf. 9

Ian Lambot, Hongkong   105

Nathaniel Liebermann, New York   88

Murphy/Jahn, Chicago   49

The Metropolitan Museum of Art, New York   54

Museum Boymans-van Beuningen, Rotterdam   23

New York Historical Society, New York   4

Protech Gallery, New York   97

Andreas Spaeth, München   12; Farbtaf. 10

Ezra Stoller Ass., Marmaroneck, N. Y.   82

Werner Stuhler, Hergensweiler   24

Transamerica Corporation, San Francisco   20

Underwood Photo Archives Ltd., San Francisco   11, 57, 77

Whitney Museum of American Art, New York   71

Alle anderen Abbildungen: Johann N. Schmidt, Hamburg

Bautenregister

Personenregister

Experimentelle Architekten der Gegenwart

Von Christian W. Thomsen. 240 Seiten mit 71 farbigen und 134 einfarbigen Abbildungen, Literaturverzeichnis, Register, Leinen

Freestyle

Neues Design für Architektur und Inneneinrichtung aus Kalifornien

Von Tim Street-Porter. 240 Seiten mit 250 farbigen, z. T. ganz- und doppelseitigen Abbildungen, einer Einführung von Pilar Viladas, einem Nachwort von Paul Goldberger, Personenregister, Leinen

Die Architektur im 20. Jahrhundert

Von Udo Kultermann. 246 Seiten mit 203 einfarbigen Abbildungen, Aufrissen, Grundrissen und Modellen, kritischem Literaturüberblick, Namensverzeichnis, kartoniert (DuMont Dokumente)

Politische Architektur in Europa vom Mittelalter bis heute

Repräsentation und Gemeinschaft

Herausgegeben von Martin Warnke. 418 Seiten mit 195 Abbildungen, kartoniert (DuMont Taschenbücher, Band 143)

DuMont's kleines Sachlexikon der Architektur

Von Fritz Baumgart. 170 Seiten mit 225 einfarbigen Abbildungen, Namensregister, kartoniert (DuMont Taschenbücher, Band 44)

Architektur als Kultur

Die Ideen und die Formen. Aufsätze 1970–1985

Von Vittorio Lampugnani. 392 Seiten mit 179 Abbildungen und Register, kartoniert (DuMont Taschenbücher, Band 177)

DuMont Taschenbücher   *Stand Frühjahr 1991*